全科プリント　小学２年

この本《ほん》の使《つか》い方《かた》

おうちの方《かた》と
いっしょに読《よ》みましょう。

★ １枚《まい》が１回分《かいぶん》です。１枚ずつ切《き》り取《と》って使《つか》いましょう。

★ １回分が終《お》わったら答《こた》え合《あ》わせをし，点数《てんすう》をつけましょう。

★ まちがえた問題《もんだい》は，やり直《なお》しましょう。
最初《さいしょ》から100点を取れることよりも，まちがえたところを理解《りかい》することのほうが大事《だいじ》です。

★「かくにんテスト」は，学習《がくしゅう》した内容《ないよう》をまとまりごとに復習《ふくしゅう》するテストです。

★ はってんマークのついている問題は，難《むずか》しい問題です。ちょう戦《せん》してみましょう。

おうちの方へ

★ **答え合わせについて**

まちがえた問題は，お子さまが理解できるまで指導してあげてください。
答えのページにある アドバイス を指導の参考にしてください。

★ **はってんマークのついた問題について**

はってんマークのついた問題は，学習指導要領の範囲をこえた，発展的な学習内容です。
教科書で扱っている発展内容を中心に掲載しています。

ひょうと　グラフ

もくひょう時間《じかん》 15 分《ふん》

学習《がくしゅう》した日　　月　　日

名《な》前《まえ》

とく点《てん》

100点まんてん

答《こた》え ▶ 78ページ

1　家《いえ》に　ある　くだものの　数《かず》を　しらべて，ひょうと　グラフに　あらわしました。　1つ10点【50点】

くだものの　数

くだもの	りんご	みかん	いちご	なし	かき
数	6	5	7	4	5

① りんごは　何《なん》こ　ありますか。(　　　　)

② 数が　4この　くだものは　何ですか。(　　　　)

③ いちばん　多《おお》い　くだものは　何ですか。(　　　　)

④ みかんと　数が　同《おな》じ　くだものは　何ですか。(　　　　)

⑤ いちごは　なしより　何こ　多いですか。(　　　　)

くだものの　数

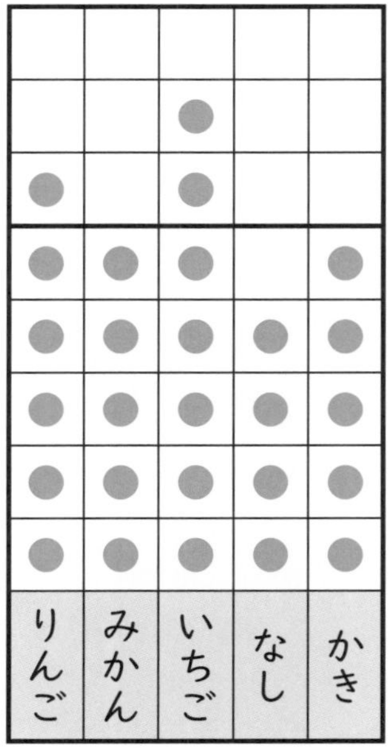

2　つぎの　絵《え》を　見て　答《こた》えましょう。　1つ5点【50点】

どうぶつの　数

どうぶつ	さる	やぎ	いぬ	うさぎ	コアラ
数					

① どうぶつの　数を　しらべて，上の　ひょうに　書《か》きましょう。

② どうぶつの　数を，●を　つかって，右の　グラフに　あらわしましょう。

どうぶつの　数

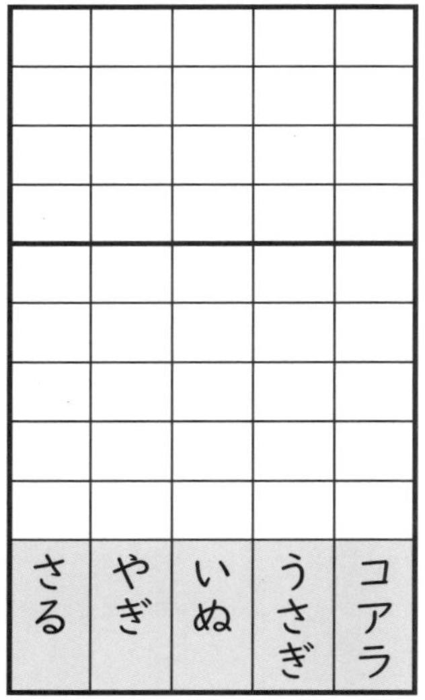

時《じ》こくと　時間《じかん》

もくひょう時間《じかん》 15 分《ふん》

学習《がくしゅう》した日　　月　　日

名《な》前《まえ》

とく点《てん》

100点まん点

答《こた》え ▶ 78ページ

1　つぎの　時《じ》こくを　答《こた》えましょう。　1つ8点【24点】

① 

3時から　30分前《ぷんまえ》の　時こく

（　　　　　　）

② 

8時50分から　30分後《あと》の　時こく

（　　　　　　）

③ 

11時10分から　1時間《じかん》前の　時こく

（　　　　　　）

2　つぎの　時間を　答えましょう。　1つ8点【16点】

① 

午後《ごご》4時40分から　午後5時までの　時間

（　　　　　　）

② 

午前《ごぜん》10時から　午後2時までの　時間

（　　　　　　）

3　□に　あてはまる　数《かず》を　書《か》きましょう。　1つ8点【32点】

①　1日＝□時間　　②　1時間＝□分

③　80分＝□時間□分

④　1時間40分＝□分

4　けんたさんの　家《いえ》から　図書《としょ》かんまでは　20分かかります。午前10時40分に　図書かんに　つくには，おそくとも　家を　何時《なんじ》何分に　出れば　よいですか。　【14点】

（　　　　　　）

5　あやかさんは，午後5時50分から　午後6時30分まで　本を　読《よ》みました。本を　読んで　いた　時間は　何分ですか。　【14点】

（　　　　　　）

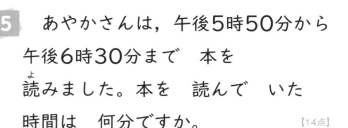

算数 3

2けたの　たし算《ざん》と　ひき算

もくひょう時間《じかん》 15 分《ふん》

学習《がくしゅう》した日　月　日

名《な》前《まえ》

とく点《てん》

100点まん点

答《こた》え ▶ 78ページ

1　たし算《ざん》を　しましょう。　1つ3点【30点】

①　13＋7　　②　45＋5

③　74＋6　　④　29＋4

⑤　54＋7　　⑥　87＋8

⑦　13＋3　　⑧　36＋2

⑨　42＋4　　⑩　68＋3

2　ひき算を　しましょう。　1つ3点【30点】

①　20－6　　②　50－9

③　80－2　　④　32－9

⑤　61－5　　⑥　73－6

⑦　45－1　　⑧　67－4

⑨　94－2　　⑩　86－8

3　花だんに，赤い　花が　34本，白い　花が　6本　さいて　います。　しき6点，答え6点【24点】

①　あわせて　何本《なんぼん》　さいて　いますか。

（しき）

答《こた》え ＿＿＿＿＿＿

②　赤い　花は，白い　花より　何本　多《おお》く　さいて　いますか。

（しき）

答え ＿＿＿＿＿＿

4　ビーズを，さくらさんは　4こ　つかいました。お姉《ねえ》さんは　75こ　つかいました。さくらさんと　お姉さんの　つかった　数《かず》の　ちがいは　何こですか。　しき8点，答え8点【16点】

（しき）

答え ＿＿＿＿＿＿

算数 4

くり上がりの　ない　たし算《ざん》の　ひっ算

もくひょう時間《じかん》 15 分《ふん》

学習《がくしゅう》した日　月　日

名《な》前《まえ》

とく点《てん》

100点まん点

答《こた》え ▶ 78ページ

1 計算《けいさん》を　しましょう。　1つ5点【45点】

① $\begin{array}{r} 31 \\ +25 \\ \hline \end{array}$　② $\begin{array}{r} 54 \\ +12 \\ \hline \end{array}$　③ $\begin{array}{r} 62 \\ +35 \\ \hline \end{array}$

④ $\begin{array}{r} 30 \\ +34 \\ \hline \end{array}$　⑤ $\begin{array}{r} 58 \\ +20 \\ \hline \end{array}$　⑥ $\begin{array}{r} 30 \\ +50 \\ \hline \end{array}$

⑦ $\begin{array}{r} 42 \\ +\ \ 3 \\ \hline \end{array}$　⑧ $\begin{array}{r} 5 \\ +64 \\ \hline \end{array}$　⑨ $\begin{array}{r} 70 \\ +\ \ 6 \\ \hline \end{array}$

2 ひっ算で　しましょう。　1つ7点【21点】

① 48+31　② 35+3　③ 4+80

3 つぎの　計算で，答《こた》えが　正しければ　○を，まちがって　いれば　正しい　答えを　(　)に　書《か》きましょう。　1つ6点【18点】

① 62+14　② 30+61　③ 26+2

① $\begin{array}{r} 62 \\ +14 \\ \hline 76 \end{array}$　② $\begin{array}{r} 30 \\ +61 \\ \hline 90 \end{array}$　③ $\begin{array}{r} 26 \\ +2\ \ \\ \hline 46 \end{array}$

(　　)　(　　)　(　　)

4 キャンデーと　チョコレートを　買《か》います。あわせて　何円《なんえん》に　なりますか。　しき8点，答え8点【16点】

（しき）

答え

答《こた》え ▶ 78ページ

くり上がりの　ある　たし算《ざん》の　ひっ算

1 計算《けいさん》を　しましょう。　1つ5点【45点】

①
  19
+34

②
  36
+39

③
  35
+25

④
  45
+47

⑤
  43
+17

⑥
  38
+48

⑦
  36
+ 5

⑧
  54
+ 6

⑨
   5
+78

2 ひっ算で　しましょう。　1つ5点【15点】

① 13+48　② 49+7　③ 6+68

3 ひっ算で　して，答《こた》えの　たしかめも　しましょう。　1つ5点【20点】

① 43+29

（ひっ算）　（たしかめ）

② 87+6

（ひっ算）　（たしかめ）

4 なわとびを　しました。1回《かい》めは　28回，2回めは　37回　とびました。あわせて　何回《なんかい》　とびましたか。　しき5点，答え5点【10点】

（しき）

答え

5 体《たい》いくかんに　47人　います。7人　やって　くると，ぜんぶで　何人に　なりますか。　しき5点，答え5点【10点】

（しき）

答え

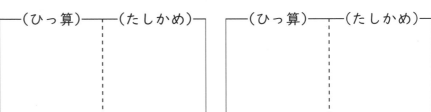

算数 6

くり下がりの　ない　ひき算《ざん》の　ひっ算

もくひょう時間《じかん》 15 分《ふん》

学習《がくしゅう》した日　　月　　日

名《な》前《まえ》

とく点《てん》

100点まん点

答《こた》え ▶ 78ページ

1 計算《けいさん》を　しましょう。　1つ5点【45点】

① $\begin{array}{r} 64 \\ -\ 12 \\ \hline \end{array}$　② $\begin{array}{r} 47 \\ -\ 34 \\ \hline \end{array}$　③ $\begin{array}{r} 69 \\ -\ 26 \\ \hline \end{array}$

④ $\begin{array}{r} 57 \\ -\ 37 \\ \hline \end{array}$　⑤ $\begin{array}{r} 76 \\ -\ 10 \\ \hline \end{array}$　⑥ $\begin{array}{r} 48 \\ -\ 43 \\ \hline \end{array}$

⑦ $\begin{array}{r} 47 \\ -\ \ 2 \\ \hline \end{array}$　⑧ $\begin{array}{r} 89 \\ -\ \ 4 \\ \hline \end{array}$　⑨ $\begin{array}{r} 52 \\ -\ \ 2 \\ \hline \end{array}$

2 ひっ算で　しましょう。　1つ7点【21点】

① 58−13　② 68−48　③ 79−3

3 つぎの　計算で，答《こた》えが　正しければ　○を，まちがって　いれば　正しい　答えを　(　)に　書《か》きましょう。　1つ6点【18点】

① 51−21　② 48−16　③ 65−5

$\begin{array}{r} 51 \\ -\ 21 \\ \hline 32 \end{array}$　$\begin{array}{r} 48 \\ -\ 16 \\ \hline 32 \end{array}$　$\begin{array}{r} 65 \\ -\ \ 5 \\ \hline 6\ \end{array}$

(　　)　(　　)　(　　)

4 けんたさんは　カードを　35まい　もって　います。ゆうきさんは　78まい　もって　います。どちらが　何《なん》まい　多《おお》いですか。　しき8点，答え8点【16点】

（しき）

答え

算数 7

くり下がりの　ある　ひき算《ざん》の　ひっ算

1 計算《けいさん》を　しましょう。　1つ5点【45点】

① $\begin{array}{r} 53 \\ -\ 29 \\ \hline \end{array}$　② $\begin{array}{r} 81 \\ -\ 15 \\ \hline \end{array}$　③ $\begin{array}{r} 74 \\ -\ 36 \\ \hline \end{array}$

④ $\begin{array}{r} 80 \\ -\ 57 \\ \hline \end{array}$　⑤ $\begin{array}{r} 55 \\ -\ 48 \\ \hline \end{array}$　⑥ $\begin{array}{r} 70 \\ -\ 63 \\ \hline \end{array}$

⑦ $\begin{array}{r} 42 \\ -\ \ 7 \\ \hline \end{array}$　⑧ $\begin{array}{r} 87 \\ -\ \ 8 \\ \hline \end{array}$　⑨ $\begin{array}{r} 90 \\ -\ \ 4 \\ \hline \end{array}$

2 ひっ算で　しましょう。　1つ5点【15点】

① 83−46　② 60−52　③ 71−4

3 ひっ算で　して，答《こた》えの　たしかめも　しましょう。　1つ5点【20点】

① 67−39　② 84−8

(ひっ算)　(たしかめ)

4 いちごが　40こ　あります。6こ　食《た》べると，のこりは　何《なん》こに　なりますか。　しき5点，答え5点【10点】

(しき)

答え

5 みゆきさんは　64ページの　本を　読《よ》んで　います。今日《きょう》までに　29ページ　読みました。あと　何ページ　のこって　いますか。　しき5点，答え5点【10点】

(しき)

答え

かくにんテスト①

もくひょう時間《じかん》 15 分《ふん》

学習《がくしゅう》した日　　月　　日

名《な》前《まえ》

とく点《てん》　　100点まん点

答《こた》え ▶ 79ページ

1 下の　時計《とけい》を　見て，1時間前《じかんまえ》，30分後《ぷんあと》の時こくを　答《こた》えましょう。　1つ4点【8点】

① 1時間前　（　　　　　）

② 30分後　（　　　　　）

2 やさいの　数《かず》を　ひょうに　書《か》きました。　1つ4点【20点】

やさいの　数

やさい	たまねぎ	なす	にんじん	きゅうり
数	6	4	7	5

① ●を　つかって，右の　グラフに　あらわしましょう。

② いちばん　少《すく》ない　やさいは　何《なん》ですか。　（　　　　　）

やさいの　数

たまねぎ	なす	にんじん	きゅうり

3 計算《けいさん》を　しましょう。　1つ4点【16点】

① 32＋8　　② 64＋2

③ 52－4　　④ 89－6

4 計算を　しましょう。　1つ4点【16点】

①
```
  24
+ 45
```

②
```
  16
+ 67
```

③
```
  72
- 42
```

④
```
  81
-  4
```

5 ひっ算で　して，答えの　たしかめも　しましょう。　1つ5点【20点】

① 16＋69　　② 73－4

（ひっ算）　（たしかめ）

6 右の　おかしを　買《か》います。　しき5点，答え5点【20点】

38円

48円

① あわせて　何円《なんえん》に　なりますか。

（しき）

答え ＿＿＿＿＿＿

② ねだんの　ちがいは　何円ですか。

（しき）

答え ＿＿＿＿＿＿

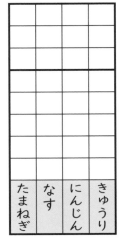

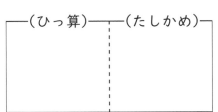

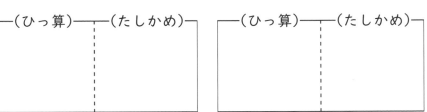

算数

9 長《なが》さ

もくひょう時間《じかん》 15 分《ふん》

学習《がくしゅう》した日　　月　　日

名《な》前《まえ》

とく点《てん》

100 点 まん点

答《こた》え ▶ 79ページ

算数

1 ものさしの　左の　はしから　㋐，㋑，㋒，㋓　までの　長《なが》さは　どれだけですか。　1つ7点【28点】

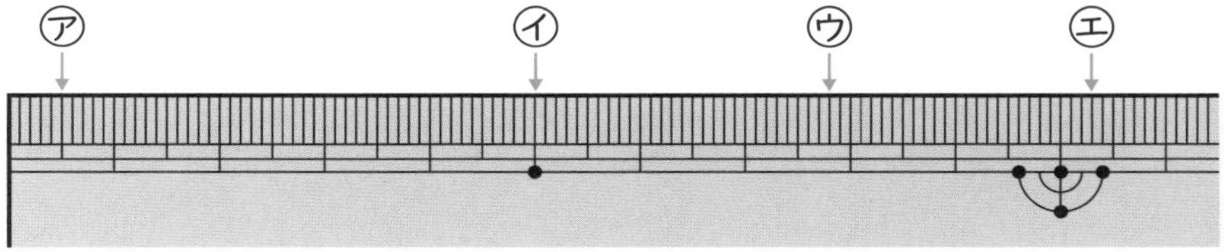

㋐（　　　　　）　㋑（　　　　　）

㋒（　　　　　）　㋓（　　　　　）

2 下の　直線《ちょくせん》（まっすぐな　線）の　長さを　はかって　答《こた》えましょう。　1つ6点【12点】

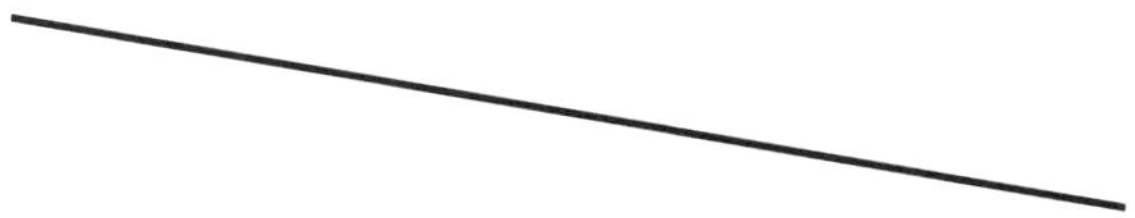

① 直線の　長さは　何《なん》cm何mmですか。

（　　　　　）

② 直線の　長さは　何mmですか。

（　　　　　）

3 長い　ほうを　▭で　かこみましょう。　1つ6点【18点】

①（ 9mm，2cm ）　②（ 40mm，10cm ）

③（ 76mm，6cm7mm ）

4 つぎの　長さの　直線を　ひきましょう。　1つ7点【14点】

① 4cm

② 6cm8mm

5 長さが　9cm6mmの　青い　テープと，長さが　7cmの　赤い　テープが　あります。　しき7点，答え7点【28点】

① あわせた　長さは　何cm何mmですか。

（しき）

答《こた》え ________

② 長さの　ちがいは　何cm何mmですか。

（しき）

答え ________

100より　大きい　数《かず》の　しくみ

もくひょう時間《じかん》 15 分《ふん》

学習《がくしゅう》した日　　月　　日

名《な》前《まえ》

とく点《てん》

100点まん点

答《こた》え ▶ 79ページ

1 色紙《いろがみ》の　数《かず》を　数字《すうじ》で　書《か》きましょう。

1つ8点【32点】

① 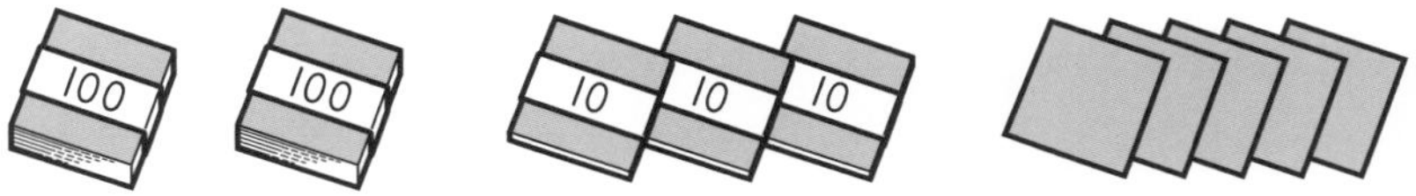

(　　　　　まい)

② 

(　　　　　まい)

③ 

(　　　　　まい)

④ 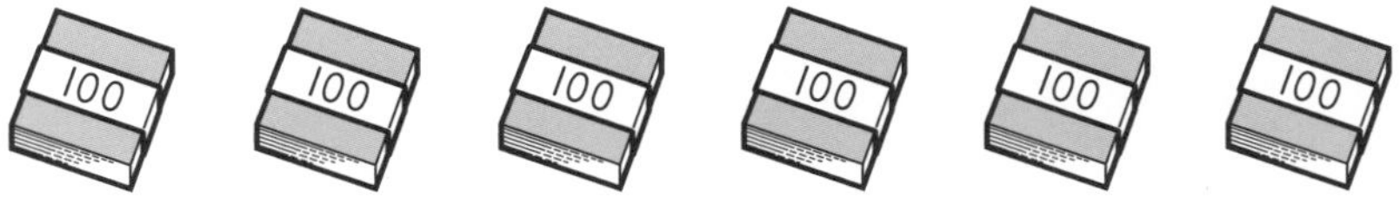

(　　　　　まい)

2 つぎの　数を　数字で　書きましょう。

1つ8点【16点】

① 五百八十二　　　　② 八百七

(　　　　)　　　　(　　　　)

3 □に　あてはまる　数を　書きましょう。

1つ9点【36点】

① 100を　4こ，10を　5こ，1を　8こ
あわせた　数は　□です。

② 100を　7こと　10を　2こ　あわせた
数は　□です。

③ 1000は　100を　□こ　あつめた
数です。

④ 百のくらいが　9，十のくらいが　0，
一のくらいが　5の　数は　□です。

4 つぎの　もんだいに　答《こた》えましょう。

1つ8点【16点】

① 10を　26こ　あつめた　数は　いくつですか。

(　　　　)

② 640は　10を　何《なん》こ　あつめた　数ですか。

(　　　　)

算数 11

もくひょう時間《じかん》 15 分《ふん》

100より　大きい　数《かず》の　大きさ

学習《がくしゅう》した日　　月　　日

名《な》前《まえ》

とく点《てん》

100点まんてん

答《こた》え ▶ 79ページ

算数

1　□に　あてはまる　数《かず》を　書《か》きましょう。
1つ5点【30点】

①
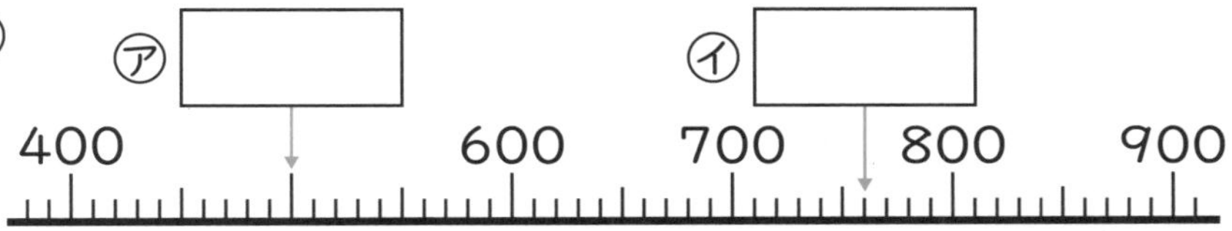

②
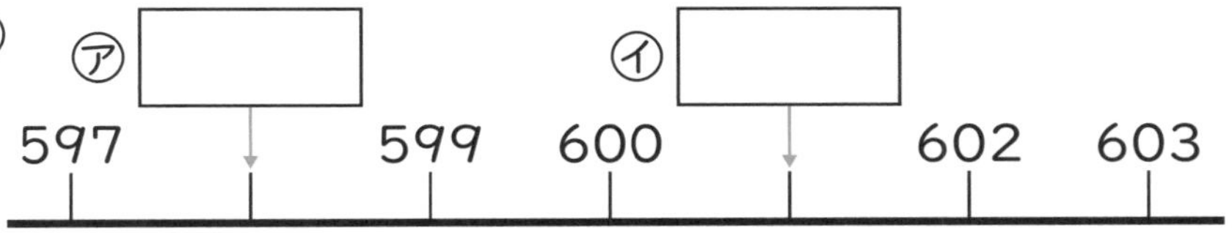

③
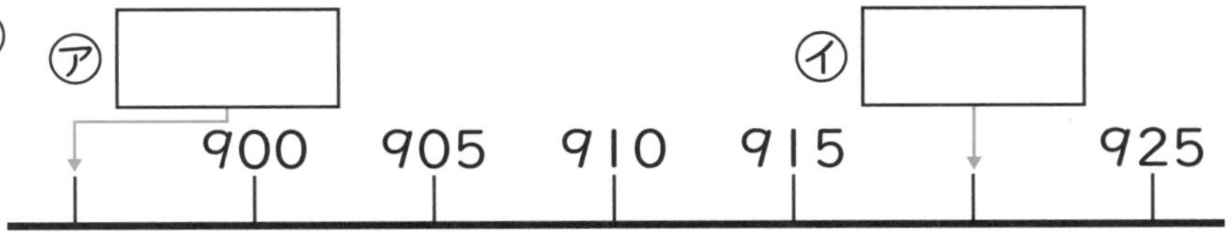

2　□に　あてはまる　数を　書きましょう。
1つ5点【30点】

①　600 ― 700 ― 800 ― □ ― □

②　450 ― □ ― 550 ― 600 ― □

③　□ ― 670 ― 680 ― 690 ― □

3　つぎの　数を　書きましょう。　1つ5点【15点】

①　390より　10　大きい　数

(　　　　)

②　500より　1　小さい　数

(　　　　)

③　1000より　10　小さい　数

(　　　　)

4　□に　あてはまる　>，<を　書きましょう。
1つ5点【20点】

①　423 □ 394　　②　782 □ 790

③　505 □ 510　　④　698 □ 696

5　つぎの　数を　大きい　じゅんに　書きましょう。
【5点】

(435，354，453)

(　　　，　　　，　　　)

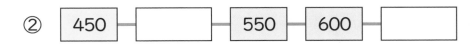

100より　大きい　数《かず》の　計算《けいさん》

1 たし算《ざん》を　しましょう。

1つ3点【30点】

① 80＋40　② 50＋60

③ 90＋50　④ 40＋70

⑤ 70＋90　⑥ 60＋60

⑦ 40＋90　⑧ 70＋80

⑨ 80＋60　⑩ 90＋90

2 ひき算を　しましょう。

1つ3点【30点】

① 120−90　② 110−60

③ 130−40　④ 150−90

⑤ 140−70　⑥ 110−30

⑦ 120−80　⑧ 130−70

⑨ 180−90　⑩ 120−40

3 90円の　ノートと　60円の　けしゴムを　買《か》います。ぜんぶで　何円《なんえん》に　なりますか。

しき4点，答え4点【8点】

（しき）

答《こた》え＿＿＿＿＿＿

4 アサガオと　ホウセンカの　たねが　あわせて　150こ　あります。アサガオの　たねは　70こ　です。ホウセンカの　たねは　何こ　ありますか。

しき4点，答え4点【8点】

（しき）

答え＿＿＿＿＿＿

5 計算《けいさん》を　しましょう。

1つ3点【24点】

① 400＋300　② 600＋400

③ 900−700　④ 1000−300

⑤ 500＋20　⑥ 800＋7

⑦ 780−80　⑧ 409−9

水の　かさ

もくひょう時間《じかん》 15 分《ふん》

学習《がくしゅう》した日　　月　　日

名《な》前《まえ》

とく点《てん》

100点まんてん

答《こた》え ▶ 80ページ

1　水の　かさは，どれだけですか。　1つ6点【24点】

①

（　　　　　）

②
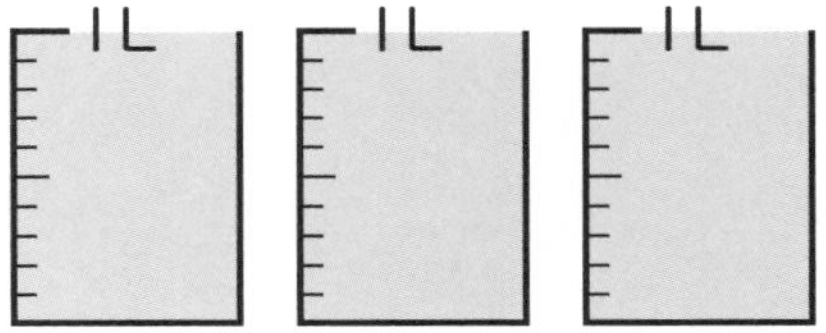

（　　　　　）

③
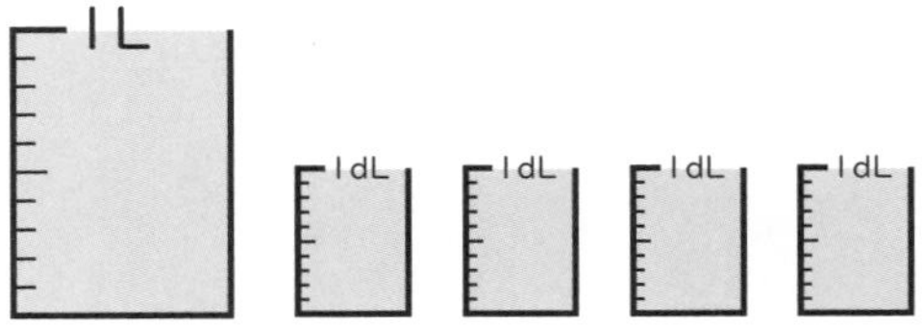

（　　　　　）

④
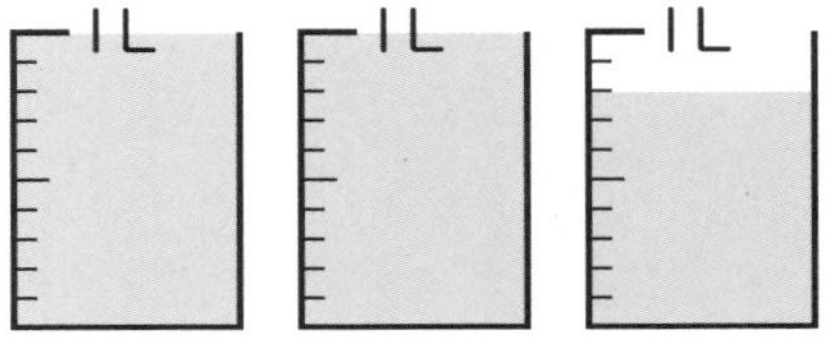

（　　　　　）

2　水の　かさは，何《なん》mLですか。　1つ7点【14点】

①
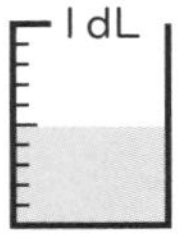

（　　　　　）

②
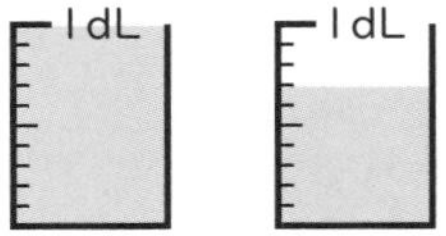

（　　　　　）

3　□に　あてはまる　数《かず》を　書《か》きましょう。　1つ6点【30点】

①　1L＝□dL　　②　2L3dL＝□dL

③　49dL＝□L□dL

④　1L＝□mL　　⑤　5dL＝□mL

4　ジュースが，ペットボトルに　1L4dL，紙《かみ》パックに　4dL　入って　います。　しき8点，答え8点【32点】

①　ジュースは，あわせて　どれだけ　ありますか。

（しき）

答《こた》え＿＿＿＿＿＿

②　かさの　ちがいは　どれだけですか。

（しき）

答え＿＿＿＿＿＿

算数 14

計算《けいさん》の　じゅんじょ

もくひょう時間《じかん》 15 分《ふん》

学習《がくしゅう》した日　月　日

名《な》前《まえ》

とく点《てん》

100 点 まん点

答《こた》え ▶ 80ページ

1 9+27+3を，つぎの　①，②の　しかたで　計算《けいさん》します。□に　あてはまる　数《かず》を　書《か》きましょう。　1つ4点【16点】

① 左から　じゅんに　計算する。

(9+27)+3=□+3=□

② 27+3を　先に　計算する。

9+(27+3)=9+□=□

2 □に　あてはまる　数を　書きましょう。　1つ4点【32点】

① (13+2)+5=□+5=□

② 24+(8+8)=24+□=□

③ (18+12)+18=□+18=□

④ 36+(21+29)=36+□=□

3 くふうして　計算しましょう。　1つ5点【40点】

① 16+4+9　② 6+7+23

③ 19+12+8　④ 25+6+14

⑤ 37+9+21　⑥ 43+7+15

⑦ 29+14+16　⑧ 38+25+25

4 公園《こうえん》に　おとなが　8人，子どもが　16人　いました。そこへ　子どもが　4人　来《き》ました。みんなで　何人《なんにん》に　なりましたか。　しき6点，答え6点【12点】

（しき）

答《こた》え

算数 15 たし算《ざん》の　ひっ算

1 計算《けいさん》を　しましょう。　1つ5点【45点】

① 95 + 51
② 44 + 80
③ 63 + 42
④ 57 + 69
⑤ 56 + 57
⑥ 63 + 97
⑦ 37 + 65
⑧ 12 + 88
⑨ 98 + 7

2 ひっ算で　しましょう。　1つ6点【18点】

① 72+76　② 98+15　③ 94+6

3 つぎの　計算が　正しければ　○を，まちがって　いれば　正しい　答《こた》えを　（　）に　書《か》きましょう。　1つ5点【15点】

① 93 + 35 = 138　（　　　）
② 67 + 34 = 101　（　　　）
③ 79 + 38 = 107　（　　　）

4 本を，きのうは　65ページ，今日《きょう》は　54ページ　読《よ》みました。あわせて　何《なん》ページ　読みましたか。　しき5点，答え5点【10点】

（しき）

答え ＿＿＿＿＿＿

5 ドーナツは　88円です。クッキーは　ドーナツより　47円　高《たか》いです。クッキーは　何円ですか。　しき6点，答え6点【12点】

（しき）

答え ＿＿＿＿＿＿

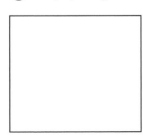

算数 16

もくひょう時間《じかん》 15 分《ふん》

学習《がくしゅう》した日　月　日

名《な》前《まえ》

とく点《てん》

100点まん点

答《こた》え ▶ 80ページ

ひき算《ざん》の　ひっ算

1 計算《けいさん》を　しましょう。　1つ5点【45点】

① 127 − 85

② 158 − 78

③ 106 − 20

④ 131 − 65

⑤ 142 − 43

⑥ 110 − 37

⑦ 100 − 35

⑧ 104 − 69

⑨ 108 − 9

2 ひっ算で　しましょう。　1つ6点【18点】

① 142−82　② 121−78　③ 106−8

3 つぎの　計算が　正しければ　○を，まちがって　いれば　正しい　答《こた》えを　(　)に　書《か》きましょう。　1つ5点【15点】

① 121 − 51 = 70　(　　　)

② 150 − 81 = 71　(　　　)

③ 106 − 47 = 69　(　　　)

4 つよしさんは　85円　もって　います。120円の　おかしを　買《か》うには，何円《なんえん》　たりませんか。　しき5点，答え5点【10点】

(しき)

答え

5 池《いけ》に　めだかが　115ひき　います。ふなは　めだかより　46ぴき　少《すく》ないそうです。ふなは　何びき　いますか。　しき6点，答え6点【12点】

(しき)

答え

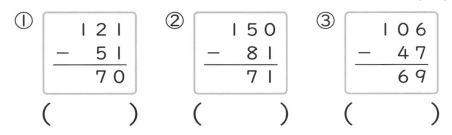

算数 17 たし算《ざん》と　ひき算の　ひっ算①

1 計算《けいさん》を　しましょう。　1つ5点【15点】

① $$\begin{array}{r} 32 \\ 24 \\ +\ 26 \\ \hline \end{array}$$

② $$\begin{array}{r} 43 \\ 26 \\ +\ 59 \\ \hline \end{array}$$

③ $$\begin{array}{r} 64 \\ 18 \\ +\ 48 \\ \hline \end{array}$$

2 計算を　しましょう。　1つ4点【48点】

① $$\begin{array}{r} 315 \\ +\ \ 42 \\ \hline \end{array}$$

② $$\begin{array}{r} 556 \\ +\ \ 14 \\ \hline \end{array}$$

③ $$\begin{array}{r} 209 \\ +\ \ 76 \\ \hline \end{array}$$

④ $$\begin{array}{r} 34 \\ +\ 638 \\ \hline \end{array}$$

⑤ $$\begin{array}{r} 443 \\ +\ \ \ 7 \\ \hline \end{array}$$

⑥ $$\begin{array}{r} 7 \\ +\ 759 \\ \hline \end{array}$$

⑦ $$\begin{array}{r} 278 \\ -\ \ 14 \\ \hline \end{array}$$

⑧ $$\begin{array}{r} 450 \\ -\ \ 27 \\ \hline \end{array}$$

⑨ $$\begin{array}{r} 796 \\ -\ \ 69 \\ \hline \end{array}$$

⑩ $$\begin{array}{r} 354 \\ -\ \ 46 \\ \hline \end{array}$$

⑪ $$\begin{array}{r} 642 \\ -\ \ \ 5 \\ \hline \end{array}$$

⑫ $$\begin{array}{r} 810 \\ -\ \ \ 3 \\ \hline \end{array}$$

3 ひっ算で　しましょう。　1つ5点【15点】

① 367+24　② 6+958　③ 743−8

4 ちょ金ばこに　327円　入って　います。今日《きょう》，53円　入れました。ちょ金ばこの　中の　お金は　何円《なんえん》に　なりましたか。　しき5点，答え5点【10点】

（しき）

答《こた》え

5 あさがおの　たねを　172こ　まいて　おいたら，44こ　めが　出ました。めが　出て　いない　たねは　何こですか。　しき6点，答え6点【12点】

（しき）

答え

たし算《ざん》と　ひき算の　ひっ算②

もくひょう時間《じかん》 15 分《ふん》

学習《がくしゅう》した日　月　日

名《な》前《まえ》

とく点《てん》

100点まんてん

答《こた》え▶80ページ

1 計算《けいさん》を　しましょう。　1つ4点【24点】

① $\begin{array}{r} 45 \\ +\ 92 \\ \hline \end{array}$　② $\begin{array}{r} 58 \\ +\ 78 \\ \hline \end{array}$　③ $\begin{array}{r} 27 \\ +\ 73 \\ \hline \end{array}$

④ $\begin{array}{r} 114 \\ -\ \ 70 \\ \hline \end{array}$　⑤ $\begin{array}{r} 147 \\ -\ \ 78 \\ \hline \end{array}$　⑥ $\begin{array}{r} 102 \\ -\ \ 56 \\ \hline \end{array}$

2 ひっ算で　しましょう。　1つ5点【30点】

① 40+66　② 38+86　③ 7+98

④ 134−84　⑤ 113−15　⑥ 105−9

3 ひっ算で　して，答《こた》えの　たしかめも　しましょう。　1つ5点【20点】

① 65+48　② 102−69

（ひっ算）（たしかめ）

（ひっ算）（たしかめ）

4 計算を　しましょう。　1つ5点【15点】

① $\begin{array}{r} 85 \\ 27 \\ +\ 43 \\ \hline \end{array}$　② $\begin{array}{r} 419 \\ +\ \ 58 \\ \hline \end{array}$　③ $\begin{array}{r} 590 \\ -\ \ 34 \\ \hline \end{array}$

5 けしゴムと　ノートを　買《か》ったら，ぜんぶで　173円でした。けしゴムは　75円です。ノートは　何円《なんえん》ですか。　しき6点，答え5点【11点】

（しき）

答え

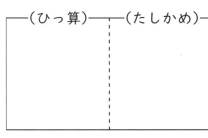

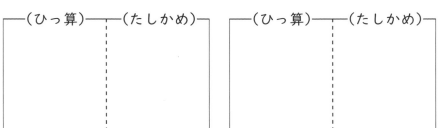

かくにんテスト②

もくひょう時間《じかん》 15分《ふん》

学習《がくしゅう》した日　月　日

名《な》前《まえ》

とく点《てん》

100点まん点

答《こた》え▶80ページ

1 下の テープの 長《なが》さは 何《なん》cm何mmですか。また，何mmですか。　1つ5点【10点】

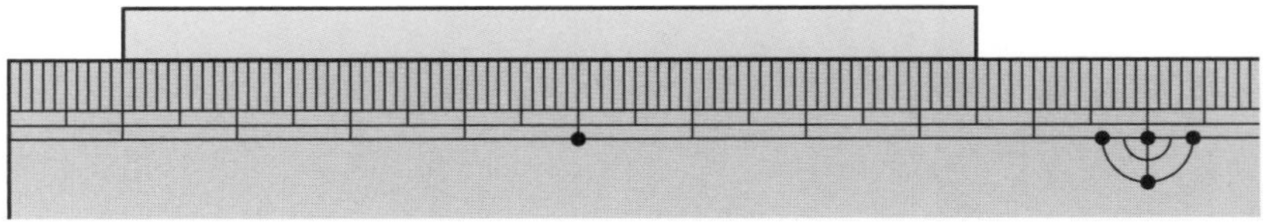

(　　cm　　mm)，(　　mm)

2 右の 水の かさは，何L何dLですか。また，何dLですか。　1つ5点【10点】

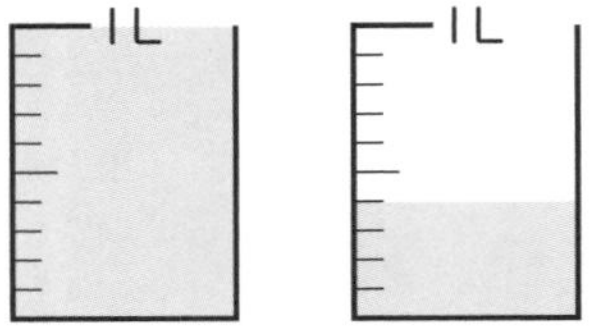

(　　L　　dL)，(　　dL)

3 つぎの 数《かず》を 数字《すうじ》で 書《か》きましょう。　1つ6点【18点】

① 六百八　(　　　)

② 100を 4こと 10を 9こ あわせた 数　(　　　)

③ 10を 36こ あつめた 数　(　　　)

4 □に あてはまる >, <, =を 書きましょう。　1つ5点【10点】

① 175 □ 80+90　② 500 □ 505−5

5 くふうして 計算《けいさん》しましょう。　1つ5点【10点】

① 16+9+21　② 17+24+26

6 計算を しましょう。　1つ5点【30点】

① 96 + 42

② 85 + 79

③ 36 + 67

④ 117 − 57

⑤ 133 − 36

⑥ 101 − 43

7 えりかさんは 120円 もって います。65円の ビスケットと 28円の ガムを 買《か》うと，のこりは 何円に なりますか。　しき6点，答え6点【12点】

（しき）

答《こた》え

三角形《さんかくけい》と　四角形《しかくけい》

1 □に　あてはまる　数《かず》を　書《か》きましょう。　1つ5点【10点】

四角形《しかくけい》は □ 本の　直線《ちょくせん》で，三角形《さんかくけい》は □ 本の　直線で　かこまれた　形《かたち》です。

2 つぎの　中から　直角《ちょっかく》を　見つけて，きごうで　答《こた》えましょう。　【10点】

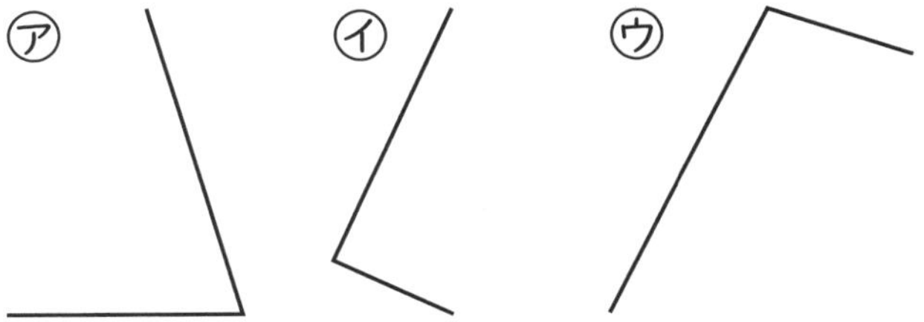

（　　　）

3 下の　形の　中から，長方形《ちょうほうけい》と　正方形《せいほうけい》を　ぜんぶ　見つけて，きごうで　答えましょう。　1つ10点【20点】

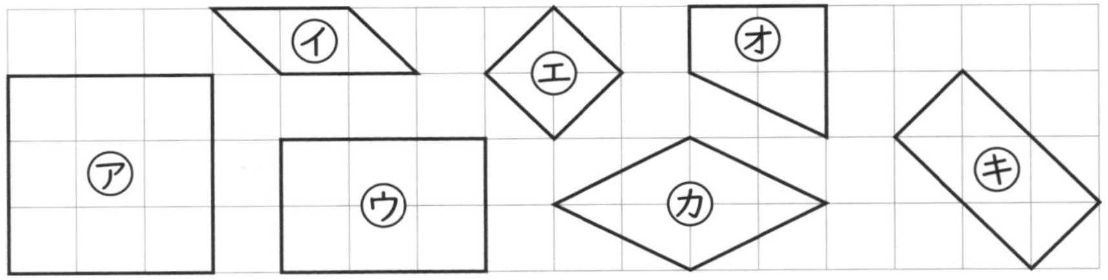

長方形（　　　　　）　正方形（　　　　　）

4 下の　形の　中から，直角三角形を　ぜんぶ　見つけて，きごうで　答えましょう。　【15点】

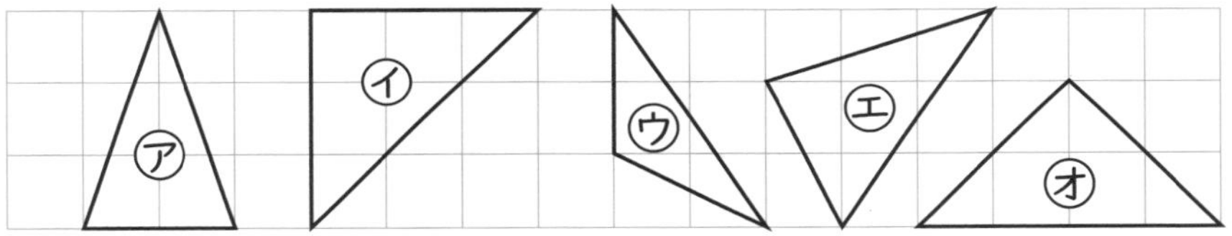

（　　　　　）

5 つぎの　長方形と　正方形を　かきましょう。　1つ15点【30点】

① たて　2cm，よこ　4cmの　長方形

② 1つの　へんの　長《なが》さが　3cmの　正方形

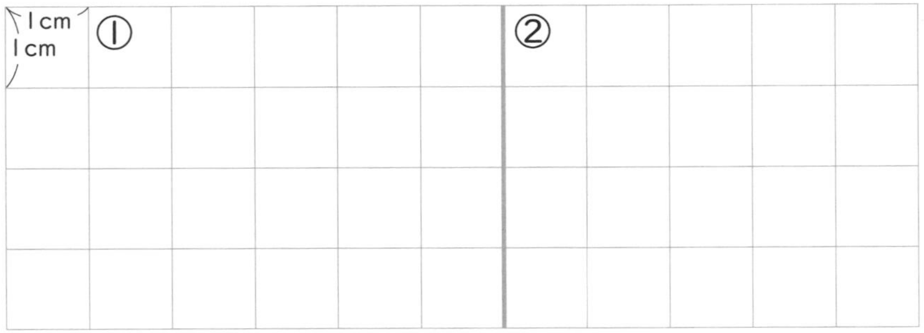

6 右の　長方形の　まわりの　長さは　何《なん》cmですか。　【15点】

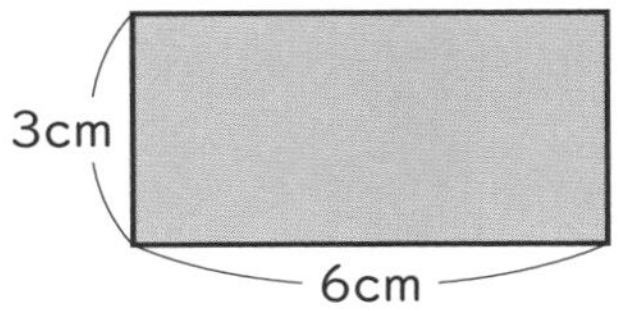

（　　　　　）

算数 21

かけ算《ざん》九九①

もくひょう時間《じかん》 15 分《ふん》

学習《がくしゅう》した日　　月　　日

名《な》前《まえ》

とく点《てん》

100点まん点

答《こた》え ▶ 81ページ

1 絵《え》と あう かけ算《ざん》の しきを 線《せん》で むすびましょう。　1つ4点【12点】

① 　・　　・ 4×2

② 　・　　・ 2×4

③ 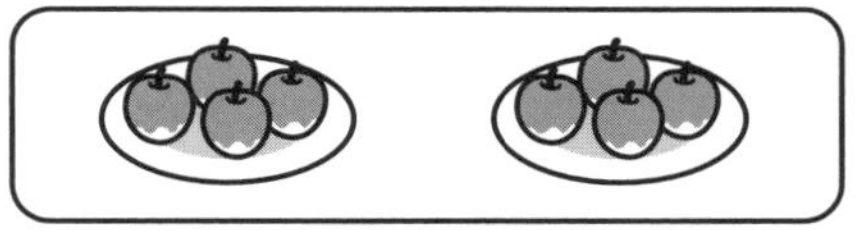　・　　・ 4×3

2 計算《けいさん》を しましょう。　1つ5点【60点】

① 2×3　② 5×1

③ 3×5　④ 4×4

⑤ 5×9　⑥ 3×3

⑦ 2×7　⑧ 4×6

⑨ 3×6　⑩ 5×8

⑪ 2×9　⑫ 4×7

3 かけ算の しきに 書《か》いて，答《こた》えを もとめましょう。　しき4点，答え4点【16点】

① ぜんぶの みかんの 数《かず》

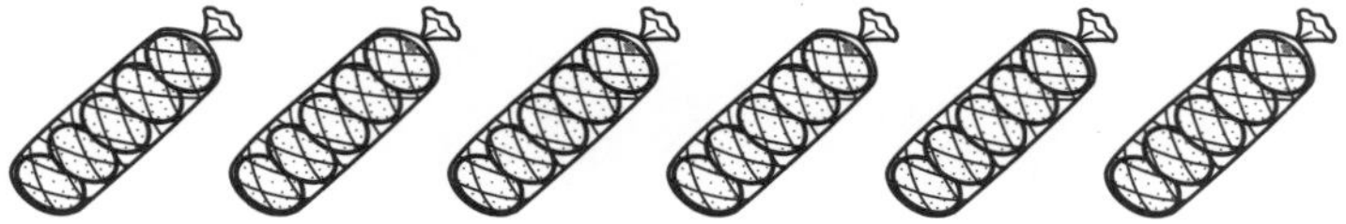

（しき）

答え ＿＿＿＿＿＿

② テープ ぜんたいの 長《なが》さ

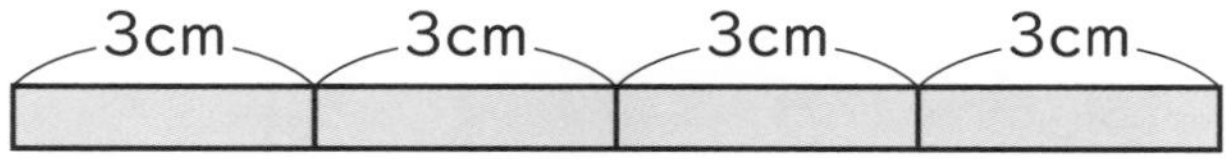

（しき）

答え ＿＿＿＿＿＿

4 1ふくろに パンを 4こずつ 入れます。9ふくろに 入れるには，パンは 何《なん》こ あれば よいですか。　しき6点，答え6点【12点】

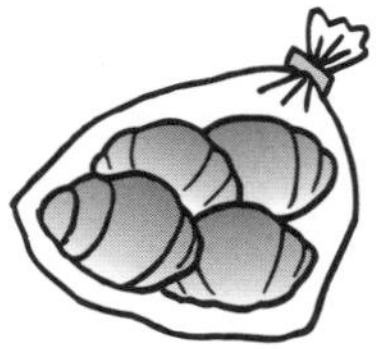

（しき）

答え ＿＿＿＿＿＿

算数 22

かけ算《ざん》九九②

1 計算《けいさん》を　しましょう。　1つ4点【48点】

① 6×3　② 8×5

③ 9×1　④ 1×3

⑤ 7×3　⑥ 9×4

⑦ 8×6　⑧ 6×7

⑨ 1×8　⑩ 7×4

⑪ 9×7　⑫ 8×3

2 かけ算《ざん》の　しきに　書《か》いて，答《こた》えを　もとめましょう。　しき5点，答え5点【20点】

① 6人の　5ばいの　人数《にんずう》

（しき）

答え

② 8cmの　4ばいの　長《なが》さ

（しき）

答え

3 9×5の　しきに　なる　もんだいに　○，ならない　もんだいに　×を　つけましょう。　1つ4点【8点】

㋐（　　）9この　水そうに　きんぎょが　5ひきずつ　入って　います。きんぎょは　ぜんぶで　何《なん》びき　いますか。

㋑（　　）クッキーを　1人《ひとり》に　9まいずつ　5人に　くばります。クッキーは　ぜんぶで　何まい　あれば　よいですか。

4 1こ　7円の　あめを　6こ　買《か》います。何円　はらえば　よいですか。　しき6点，答え6点【12点】

（しき）

答え

5 ボートが　8そう　あります。1そうに　6人ずつ　のると，ぜんぶで　何人　のれますか。　しき6点，答え6点【12点】

（しき）

答え

かけ算《ざん》九九③

もくひょう時間《じかん》 15 分《ふん》

学習《がくしゅう》した日　月　日

名《な》前《まえ》

とく点《てん》

100点まんてん

答《こた》え ▶ 81ページ

1 計算《けいさん》を　しましょう。　1つ4点【56点】

① 2×6　② 4×2

③ 6×1　④ 5×7

⑤ 3×9　⑥ 1×6

⑦ 9×6　⑧ 8×8

⑨ 7×7　⑩ 3×7

⑪ 6×6　⑫ 9×8

⑬ 8×7　⑭ 7×4

2 答《こた》えが　同《おな》じに　なる　カードを　線《せん》で　むすびましょう。　1つ4点【16点】

① 3×6　② 8×3　③ 6×2　④ 9×3

㋐ 4×3　㋑ 3×9　㋒ 2×9　㋓ 6×4

3 4まいで　1組《くみ》の　切手《きって》シートが　8組　あります。切手は　ぜんぶで　何《なん》まい　ありますか。　しき4点，答え4点【8点】

（しき）

答え

4 6人ずつ　すわれる　長《なが》いすが　9つ　あります。　①しき4点，答え4点，②4点【12点】

① ぜんぶで　何人　すわれますか。

（しき）

答え

② 長いすが　もう　1つ　ふえると，ぜんぶで　何人　すわれますか。

（　　　　）

5 長さが　8cmの　ゴムひもを　6ばいに　のばすと，何cmに　なりますか。　しき4点，答え4点【8点】

（しき）

答え

九九の　ひょう①

もくひょう時間《じかん》 15 分《ふん》

学習《がくしゅう》した日　　月　　日

名《な》前《まえ》

とく点《てん》

100点まん点

答《こた》え ▶ 81ページ

1　下の　九九《くく》の　ひょうを　見て　答《こた》えましょう。

1つ7点【49点】

かける数《かず》

かけられる数

	1	2	3	4	5	6	7	8	9
1	1	2	3	4	5	6	7	8	9
2	2	4	6	8	10	12	㋐	16	18
3	3	6	9	12	15	18	21	24	27
4	4	8	12	㋑	20	24	28	32	36
5	5	10	15	20	25	30	35	40	45
6	6	12	18	24	30	36	42	㋒	54
7	7	14	21	28	35	㋓	49	56	63
8	8	16	㋔	32	40	48	56	64	72
9	9	18	27	36	45	54	㋕	72	81

① ひょうの　12は　どんな　かけ算《ざん》の
答えですか。　（　　×　　）

② ひょうの　㋐～㋕に　入る　数は　それぞれ
いくつですか。

㋐（　　）　㋑（　　）　㋒（　　）

㋓（　　）　㋔（　　）　㋕（　　）

2　□に　あてはまる　数を　書《か》きましょう。

1つ8点【16点】

① 5のだんでは　かける数が　1　ふえると，
答えは　□　ふえます。

② 3×8の　答えは　3×7の　答えより　□
大きいです。

3　つぎの　もんだいに　答えましょう。　【35点】

① 下の　ひょうで，2のだんと　5のだんの
答えを　たてに　たしましょう。　（ぜんぶ　できて　25点）

かける数

かけられる数

	1	2	3	4	5	6	7	8	9
2	2	4	6	8	10	12	14	16	18
5									
	7								

② 2のだんと　5のだんの　答えを　たすと，
何《なん》のだんの　答えに　なりますか。　（10点）

（　　　　）

九九の　ひょう②

1 □に　あてはまる　数《かず》を　書《か》きましょう。

1つ5点【20点】

① 2×8＝8×□　　② 6×3＝□×6

③ 4×□＝9×4　　④ □×5＝5×7

2 ビー玉は　ぜんぶで　何《なん》こ　ありますか。

①，②の　考《かんが》え方《かた》で　もとめましょう。

しき6点，答え6点【24点】

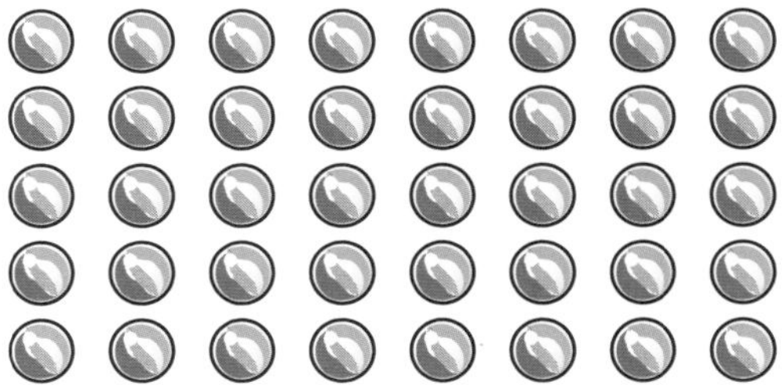

① 1れつが　5こと　考えて　もとめる。

（しき）

答《こた》え＿＿＿＿＿＿

② 1れつが　8こと　考えて　もとめる。

（しき）

答え＿＿＿＿＿＿

3 答えが　つぎの　数に　なる　かけ算九九《ざんくく》を

ぜんぶ　書きましょう。

1つ6点【12点】

① 8　（　　　　　　）

② 36　（　　　　　　）

4 つみ木は　ぜんぶで　何こ　ありますか。

くふうして　もとめましょう。

しき7点，答え7点【14点】

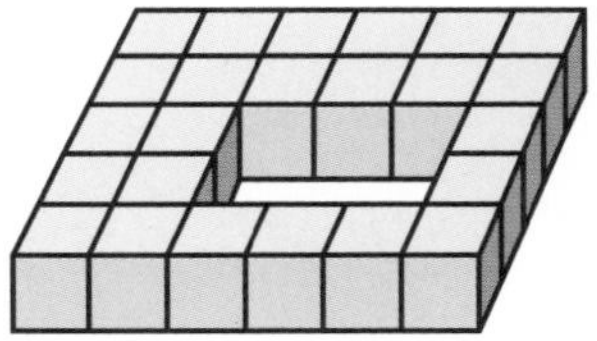

（しき）

答え＿＿＿＿＿＿

5 かけ算の　きまりを　つかって，つぎの　計算《けいさん》を

しましょう。

1つ5点【30点】

① 5×10　　② 4×11

③ 11×3　　④ 12×5

はってん ⑤ 10×10　　はってん ⑥ 12×11

もくひょう時間《じかん》 15 分《ふん》

学習《がくしゅう》した日　　月　　日

名《な》前《まえ》

とく点《てん》

100点まんてん

答《こた》え ▶ 82ページ

かくにんテスト③

1　下の　形《かたち》の　中から，長方形《ちょうほうけい》と　直角三角形《ちょっかくさんかくけい》を　ぜんぶ　見つけて，きごうで　答《こた》えましょう。

1つ6点【12点】

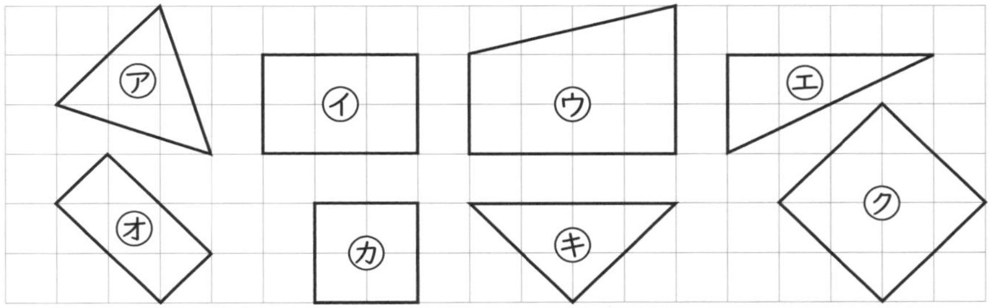

長方形（　　　　　）直角三角形（　　　　　）

2　計算《けいさん》を　しましょう。

1つ4点【36点】

① 4×6　　② 6×8　　③ 2×4

④ 1×9　　⑤ 8×4　　⑥ 3×8

⑦ 9×7　　⑧ 5×9　　⑨ 7×6

3　テープを　1人《ひとり》が　8cmずつ　つかいます。4人分《ぶん》では　何《なん》cm　いりますか。

しき7点，答え7点【14点】

（しき）

答え ＿＿＿＿＿＿

4　□に　あてはまる　数《かず》を　書《か》きましょう。

1つ5点【10点】

① 8×7の　答えは　8×6の　答えより，□　大きいです。

② 7×5の　答えは　□×7の　答えと　同《おな》じです。

5　○は　ぜんぶで　何こ　ありますか。

しき7点，答え7点【14点】

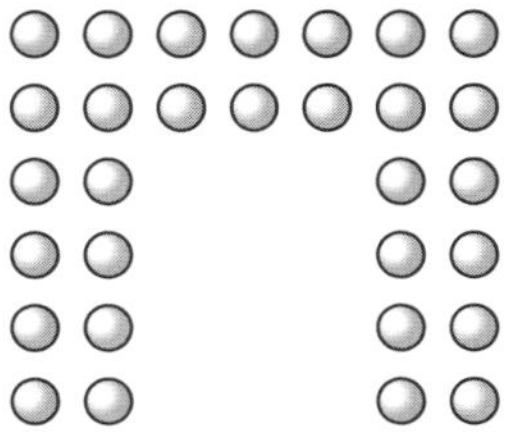

（しき）

答え ＿＿＿＿＿＿

6　6人で　つるを　おります。1人が　4わずつ　おると　すると，つるは　ぜんぶで　何わ　できますか。

しき7点，答え7点【14点】

（しき）

答え ＿＿＿＿＿＿

長《なが》い 長さ

もくひょう時間《じかん》 15 分《ふん》

学習《がくしゅう》した日　月　日

名《な》前《まえ》

とく点《てん》

100点まん点

答《こた》え ▶ 82ページ

1 テープの 長《なが》さは 何《なん》m何cmですか。　1つ7点【14点】

① 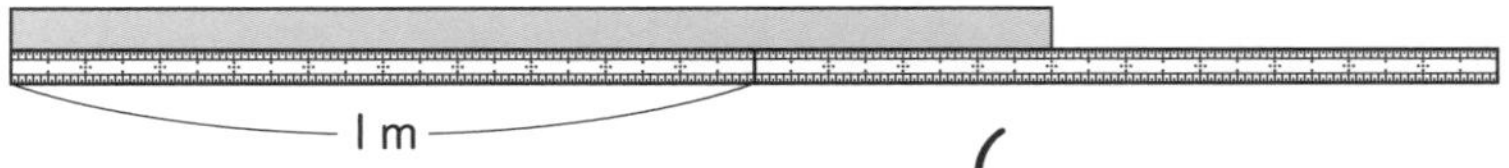

(　　　　　)

② 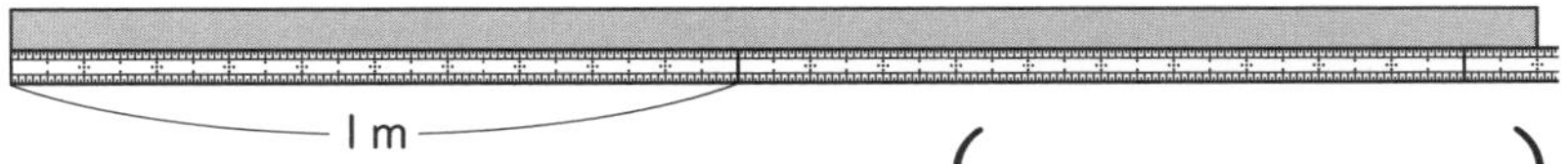

(　　　　　)

2 □に あてはまる 数《かず》を 書《か》きましょう。　1つ6点【18点】

① 1m＝□cm　② 2m60cm＝□cm

③ 380cm＝□m□cm

3 長さを くらべて，□に ＞，＜を 書きましょう。　1つ6点【18点】

① 3m□310cm

② 425cm□4m20cm

③ 5m6cm□540cm

4 □に あてはまる 長さの たんいを 書きましょう。　1つ5点【15点】

① えんぴつの 長さ …………… 14□

② ノートの あつさ …………… 4□

③ プールの よこの 長さ …… 10□

5 計算《けいさん》を しましょう。　1つ7点【35点】

① 2m＋80cm＝　m　cm

② 1m50cm＋20cm＝　m　cm

③ 1m70cm－70cm＝　m

④ 3m80cm－40cm＝　m　cm

⑤ 4m30cm－10cm＝　m　cm

答《こた》え ▶ 82ページ

1000より　大きい　数《かず》の　しくみ

1 色紙《いろがみ》の　数《かず》を　数字《すうじ》で　書《か》きましょう。

1つ8点【16点】

①

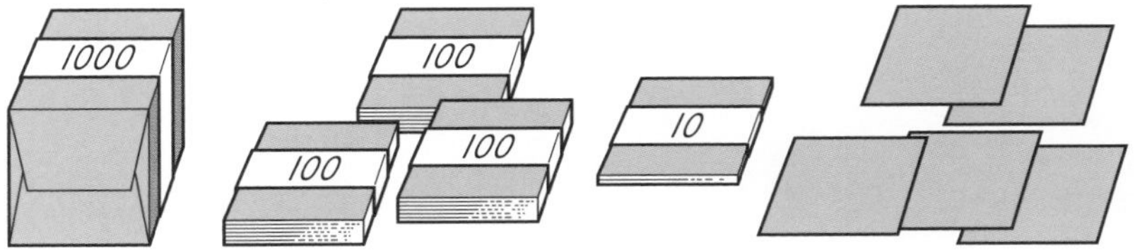

（　　　　　　まい）

②

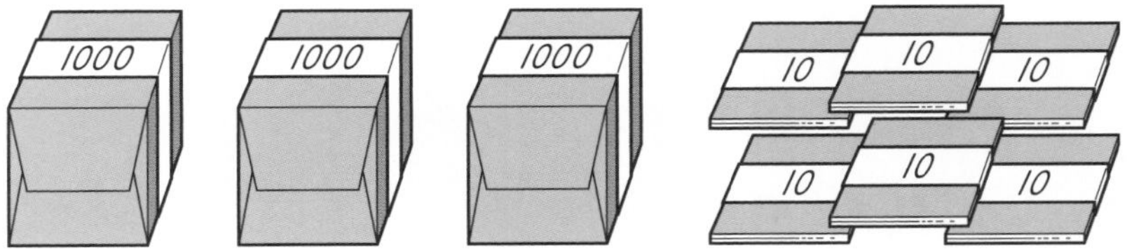

（　　　　　　まい）

2 つぎの　数を　数字で　書きましょう。

1つ7点【28点】

①　五千七百八十四　（　　　　　　）

②　七千六百　（　　　　　　）

③　千のくらいが　6，百のくらいが　1，十のくらいが　2，一のくらいが　7の　数

（　　　　　　）

④　千のくらいが　9，百のくらいと　十のくらいが　0，一のくらいが　3の　数

（　　　　　　）

3 □に　あてはまる　数を　書きましょう。

1つ8点【24点】

①　1000を　4こ，100を　5こ，10を　7こ，1を　9こ　あわせた　数は　□です。

②　1000を　8こ，10を　2こ，1を　4こ　あわせた　数は　□です。

③　7206は，1000を　□こ，□を　2こ，1を　6こ　あわせた　数です。　（ぜんぶ　できて　8点）

4 つぎの　数を　数字で　書きましょう。

1つ8点【16点】

①　100を　30こ　あつめた　数　（　　　　　　）

②　100を　54こ　あつめた　数　（　　　　　　）

5 つぎの　数は　100を　何《なん》こ　あつめた　数ですか。

1つ8点【16点】

①　4000　（　　　　　　）

②　6600　（　　　　　　）

もくひょう時間《じかん》 15 分《ふん》

学習《がくしゅう》した日　　月　　日

名《な》前《まえ》

とく点《てん》

100点まんてん

答《こた》え ▶ 83ページ

1000より　大きい　数《かず》の　大きさ

1 □に　あてはまる　数《かず》を　書《か》きましょう。 1つ4点【24点】

①

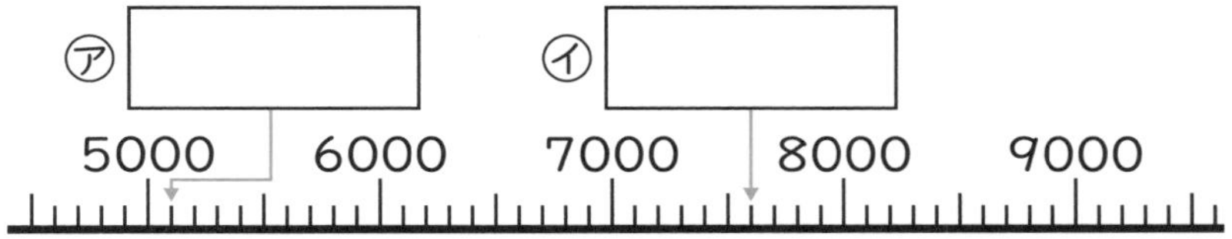

②

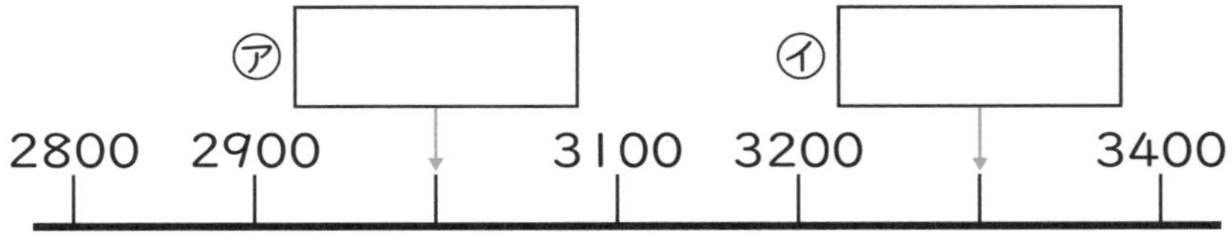

③

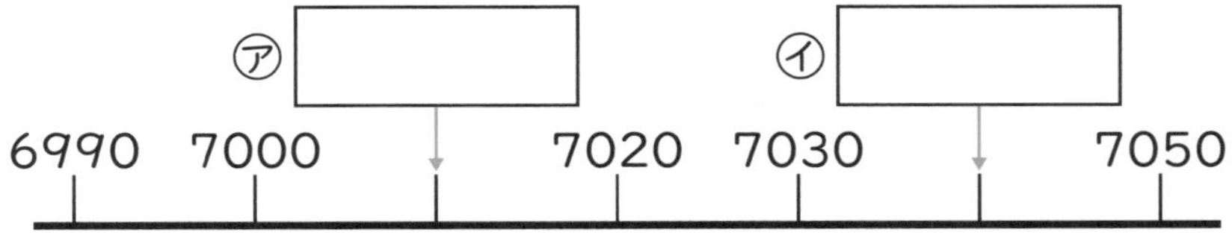

2 □に　あてはまる　数を　書きましょう。 1つ4点【24点】

① 6000 － 7000 － 8000 － □ － □

② □ － 9000 － 9100 － 9200 － □

③ 5007 － 5008 － 5009 － □ － □

3 つぎの　数を　書きましょう。 1つ4点【12点】

① 4990より　10　大きい　数　(　　　　)

② 7000より　1　小さい　数　(　　　　)

③ 10000より　10　小さい　数 (　　　　)

4 □に　あてはまる　>，<を　書きましょう。 1つ4点【16点】

① 4852 □ 5018　　② 6832 □ 6795

③ 9110 □ 9105　　④ 8765 □ 8767

5 計算《けいさん》を　しましょう。 1つ4点【24点】

① 800＋300　　② 900＋600

③ 600＋800　　④ 1000－700

はってん ⑤ 1400－600　　はってん ⑥ 1100－400

算数 30　1000より　大きい　数《かず》

1　つぎの　数《かず》を　数字《すうじ》で　書《か》きましょう。
1つ6点【30点】

① 四千九百二十　(　　　　)

② 六千三十八　(　　　　)

③ 千のくらいが　8，百のくらいが　2，十のくらいが　0，一のくらいが　1の　数　(　　　　)

④ 1000を　2こ，1を　6こ　あわせた　数　(　　　　)

⑤ 1000を　10こ　あつめた　数　(　　　　)

2　5800と　いう　数に　ついて　答《こた》えましょう。
1つ6点【18点】

① 千のくらいの　数字は　いくつですか。　(　　　　)

② 100を　何《なん》こ　あつめた　数ですか。　(　　　　)

③ 6000より　いくつ　小さい　数ですか。　(　　　　)

3　□に　あてはまる　数を　書きましょう。
1つ6点【24点】

①

□	8110	8111	8112	□

②

6070	6080	6090	□	□

4　下は　どれも　4けたの　数です。□に　あてはまる　数字を　ぜんぶ　書きましょう。
1つ7点【14点】

① $4675 < 4\square75$　(　　　　)

② $8040 > 80\square8$　(　　　　)

5　右の　4まいの　カードを　ならべて　4けたの　数を　つくった　とき，いちばん　大きい　数と　いちばん　小さい　数は　いくつに　なりますか。
1つ7点【14点】

3　0
9　7

① いちばん　大きい　数……　(　　　　)

② いちばん　小さい　数……　(　　　　)

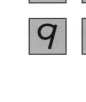

たし算《ざん》と　ひき算①

もくひょう時間《じかん》 15 分《ふん》

学習《がくしゅう》した日　　月　　日

名《な》前《まえ》

とく点《てん》

100点まんてん

答《こた》え ▶ 83ページ

1　くりが　何《なん》こか　ありました。12こ食《た》べたので，のこりが　18こに　なりました。くりは　はじめに　何こ　ありましたか。

図《ず》の　㋐，㋑の　□に　あてはまる　数《かず》を入れてから，答《こた》えを　もとめましょう。

図1つ5点，しき7点，答え7点【24点】

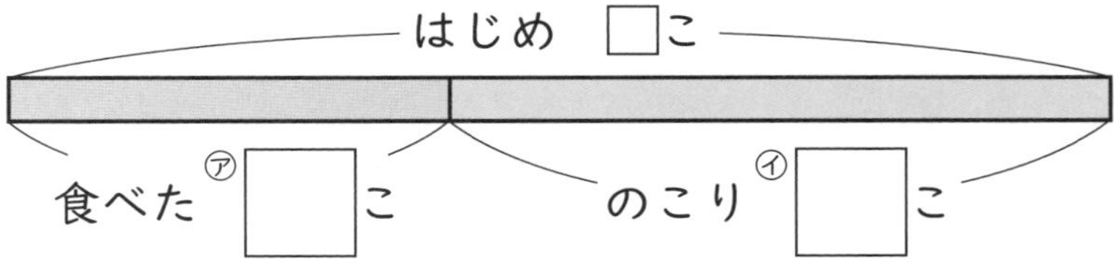

（しき）

答え ＿＿＿＿＿＿

2　公園《こうえん》に　何人か　いました。6人　来《き》たので，ぜんぶで　21人に　なりました。はじめに　何人いましたか。

しき8点，答え8点【16点】

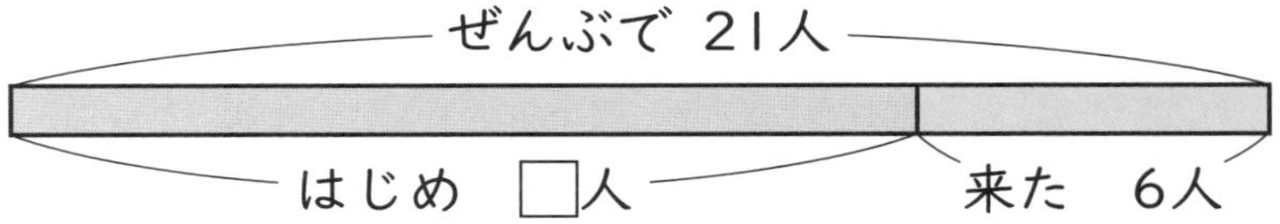

（しき）

答え ＿＿＿＿＿＿

3　花だんの　花を　25本　切《き》ったので，のこりが37本に　なりました。花は　はじめに　何本ありましたか。

しき10点，答え10点【20点】

（しき）

答え ＿＿＿＿＿＿

4　バスに　14人　のって　きたので，ぜんぶで23人に　なりました。バスには　はじめに　何人のって　いましたか。

しき10点，答え10点【20点】

（しき）

答え ＿＿＿＿＿＿

5　あきかんを　今日《きょう》　27こ　ひろったので，ぜんぶで　84こに　なりました。きのうまでに何こ　ひろって　いましたか。

しき10点，答え10点【20点】

（しき）

答え ＿＿＿＿＿＿

算数 32 たし算《ざん》と　ひき算②

1　教室《きょうしつ》に　15人　いました。何人《なんにん》か　来《き》たので，ぜんぶで　24人に　なりました。何人　来ましたか。

図《ず》の　㋐，㋑の　□に　あてはまる　数《かず》を　入れてから，答《こた》えを　もとめましょう。

図1つ5点，しき7点，答え7点【24点】

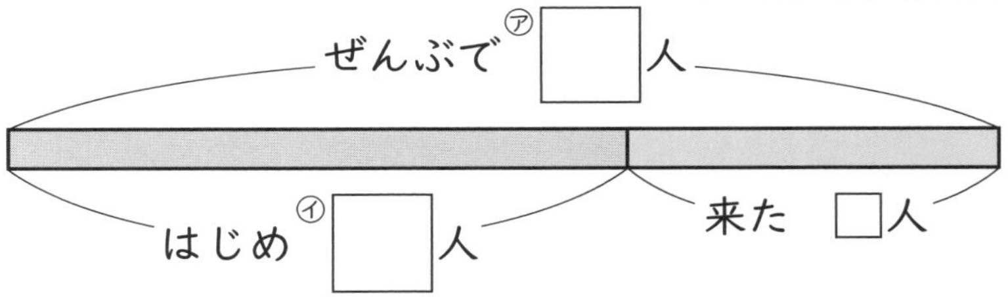

（しき）

答え ________

2　テープが　50cm　ありました。何cmか　切《き》ったので，のこりが　24cmに　なりました。何cm　切りましたか。

しき8点，答え8点【16点】

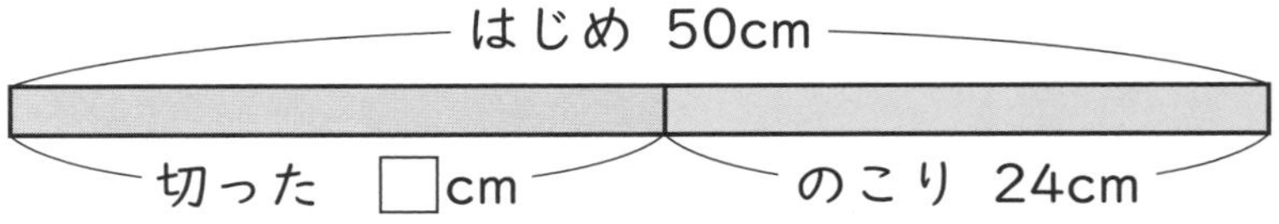

（しき）

答え ________

3　めだかが　35ひき　いました。何びきか　うまれたので，ぜんぶで　43びきに　なりました。何びき　うまれましたか。

しき10点，答え10点【20点】

（しき）

答え ________

4　80円　もって　いました。おかしを　買《か》ったので，のこりが　32円に　なりました。買った　おかしは　何円ですか。

しき10点，答え10点【20点】

（しき）

答え ________

5　みゆきさんは　本を　きのうまでに　68ページ　読《よ》んで　います。今日《きょう》も　何ページか　読んだので，96ページの　本を　読みおわりました。今日は　何ページ　読みましたか。

しき10点，答え10点【20点】

（しき）

答え ________

もくひょう時間《じかん》 15 分《ふん》

学習《がくしゅう》した日　　月　　日

名《な》前《まえ》

とく点《てん》

100点 まん点

答《こた》え ▶ 84ページ

算数 33 たし算《ざん》と　ひき算③

1 公園《こうえん》に，おとなが　20人　います。おとなは　子どもより　8人　多《おお》く　います。子どもは　何人《なんにん》　いますか。

図《ず》の　㋐，㋑の　□に　あてはまる　数《かず》を　入れてから，答《こた》えを　もとめましょう。

図1つ5点，しき8点，答え8点【26点】

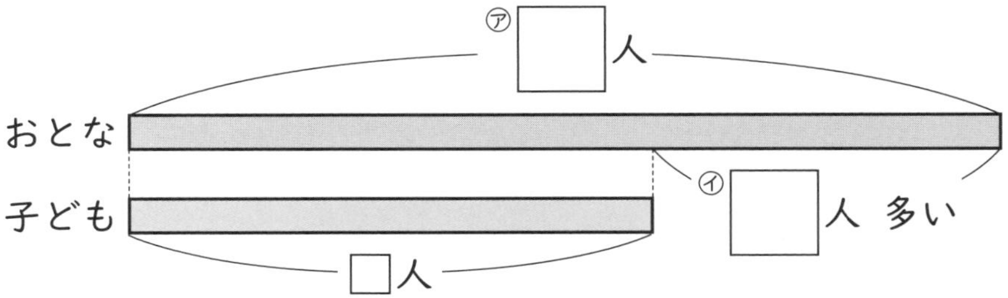

（しき）

答え

2 なわとびを　しました。たくやさんは　42回《かい》　とびました。たくやさんは　さなえさんより　6回　多く　とんだそうです。さなえさんは　何回　とびましたか。

しき12点，答え12点【24点】

（しき）

答え

3 ゆうじさんは　どんぐりを　37こ　ひろいました。ゆうじさんは　けんたさんより　8こ　少《すく》ないそうです。けんたさんは　何こ　ひろいましたか。

図の　㋐，㋑の　□に　あてはまる　数を　入れてから，答えを　もとめましょう。

図1つ5点，しき8点，答え8点【26点】

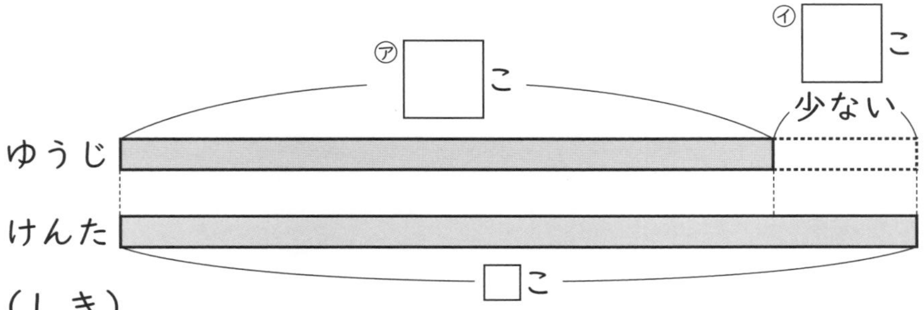

（しき）

答え

4 青い　テープの　長《なが》さは　67cmです。青い　テープは　白い　テープより　15cm　みじかいです。白い　テープの　長さは　何cmですか。

しき12点，答え12点【24点】

（しき）

答え

分数《ぶんすう》

もくひょう時間《じかん》 15 分《ふん》

学習《がくしゅう》した日　月　日

名《な》前《まえ》

とく点《てん》

100点まんてん

答《こた》え ▶ 84ページ

1 右の　正方形《せいほうけい》の　色紙《いろがみ》を，下のように　切《き》りとりました。 1つ10点【20点】

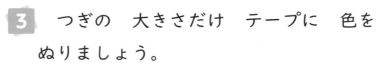

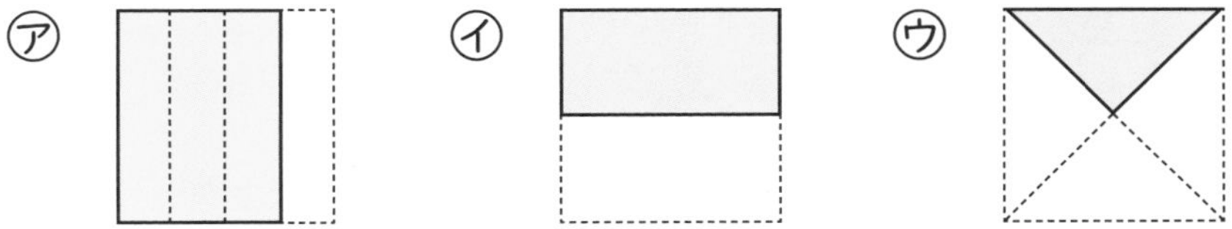

① もとの　色紙の　$\frac{1}{2}$の　大きさに　なって　いるのは　㋐～㋒の　どれですか。　(　　　)

② もとの　色紙の　$\frac{1}{4}$の　大きさに　なって　いるのは　㋐～㋒の　どれですか。　(　　　)

2 青い　テープの　$\frac{1}{2}$の　大きさに　なって　いるのは，㋐～㋒の　どれですか。 【10点】

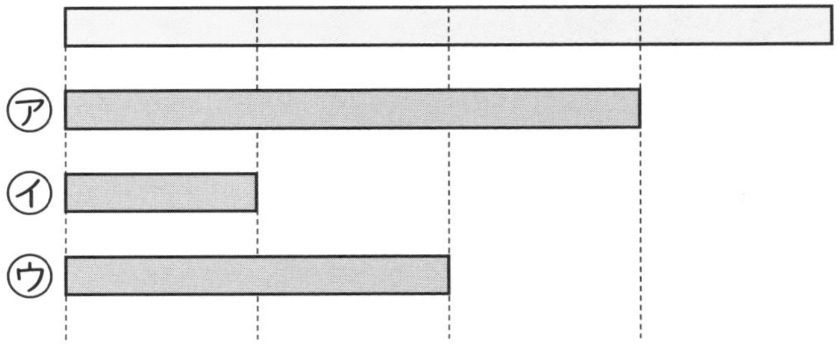

(　　　)

3 つぎの　大きさだけ　テープに　色を　ぬりましょう。 1つ10点【20点】

① $\frac{1}{4}$ 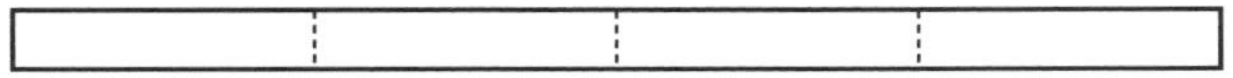

② $\frac{1}{8}$ 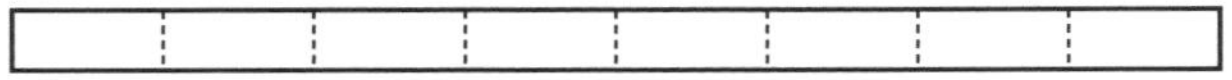

4 長方形《ちょうほうけい》の　紙の　$\frac{1}{3}$の　大きさの　紙を，何《なん》まい　あわせると，もとの　長方形に　なりますか。 【10点】

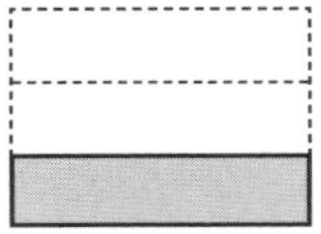

(　　　)

5 色を　ぬった　ところは，もとの　大きさの　何分《なんぶん》の一《いち》ですか。分数《ぶんすう》で　答《こた》えましょう。 1つ10点【40点】

① 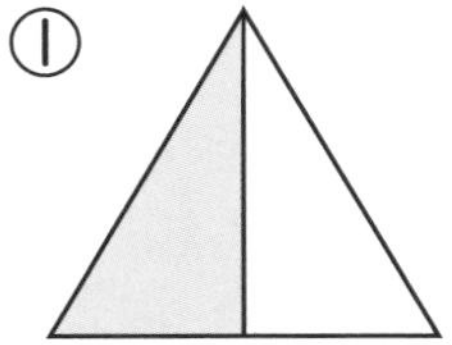 (　　　)

② 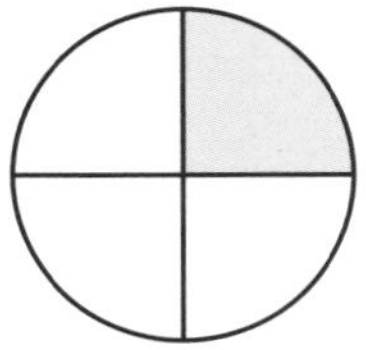 (　　　)

③ 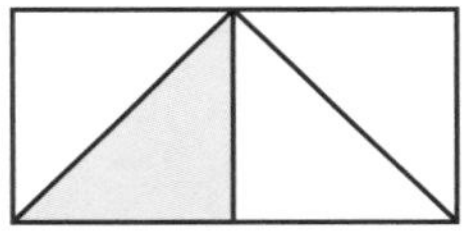 (　　　)

④ 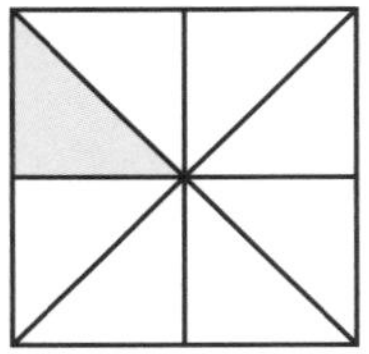 (　　　)

はこの　形《かたち》

答《こた》え ▶ 84ページ

1　右のような　はこの　形《かたち》に　ついて　答《こた》えましょう。　1つ6点【30点】

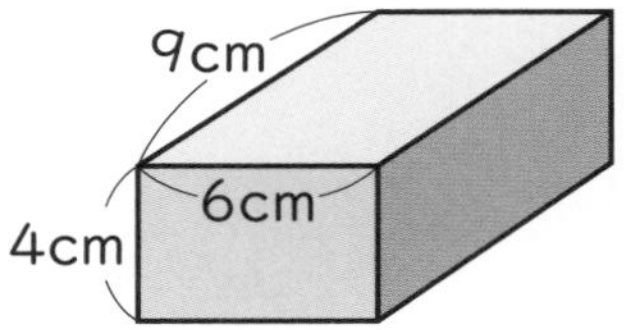

① 面《めん》，へん，ちょう点《てん》は，それぞれ　いくつ　ありますか。

面…(　　　)　へん…(　　　)

ちょう点…(　　　)

② たてが　4cm，よこが　9cmの　長方形《ちょうほうけい》の　面は　いくつ　ありますか。　(　　　)

③ 長《なが》さが　同《おな》じ　へんは，いくつずつ　何組《なんくみ》　ありますか。　(　　　　　　)

2　右と　同《おな》じ　大きさの　はこを，ひごと　ねん土玉で　作《つく》ります。　1つ7点【14点】

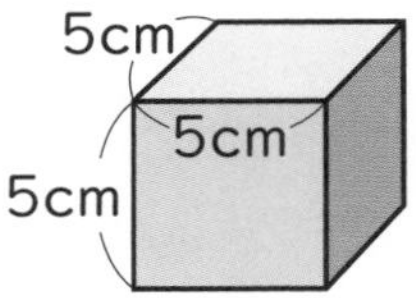

① 5cmの　ひごは　何本　つかいますか。　(　　　)

② ねん土玉は　何こ　つかいますか。　(　　　)

3　長方形の　紙《かみ》を　下のように　つなぎました。はこが　できる　ものには　○を，できない　ものには　×を　書《か》きましょう。　1つ7点【14点】

①
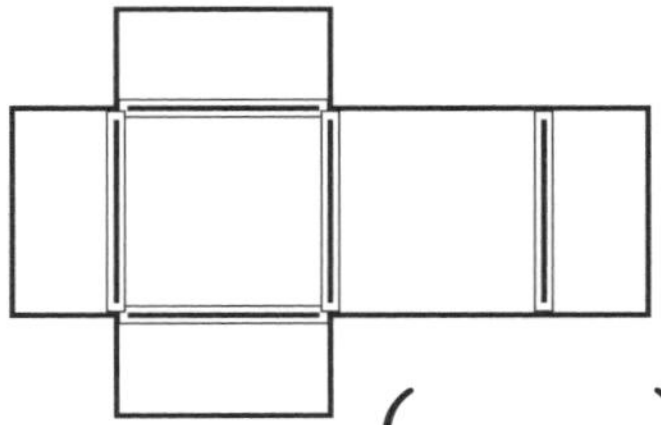
(　　　)

②
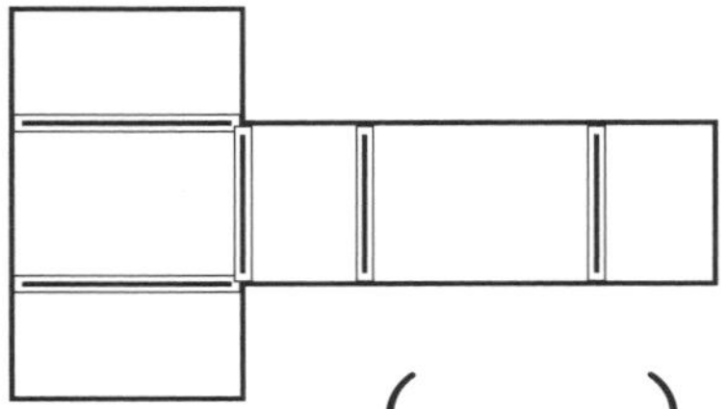
(　　　)

はってん
4　さいころは，むかい合《あ》う　面の　目の　数《かず》を　たすと　7に　なります。下の　さいころを　切《き》りひらいた　図《ず》の　あいて　いる　面に，  の　さいころの　目を　かきましょう。　1つ7点【42点】

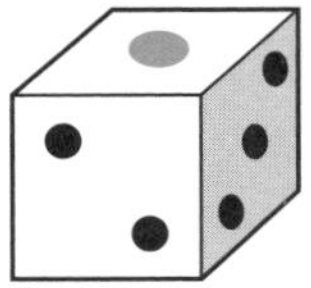

①
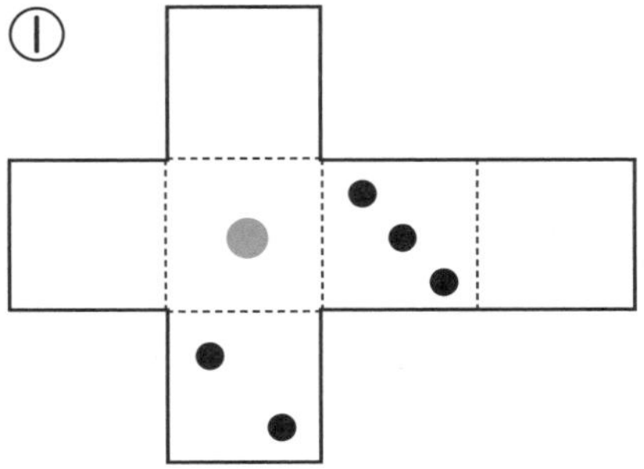

②
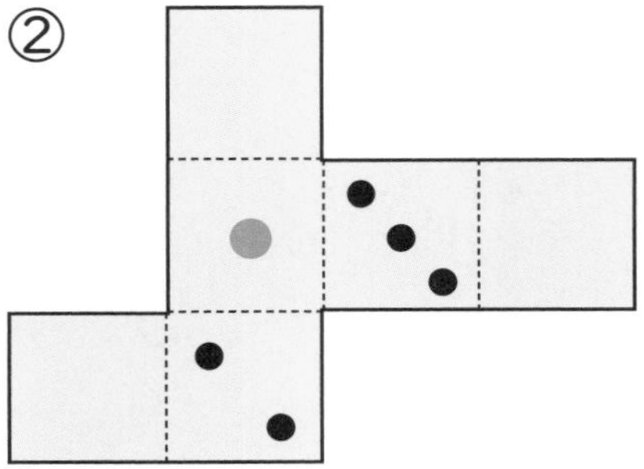

算数 36 かくにんテスト④

1 つぎの　長《なが》さは　何《なん》m何cmですか。　1つ8点【16点】

① 1mの　ものさしで　3つ分《ぶん》と，あと　35cmの　長さ　(　　　　)

② 30cmの　ものさしで　5つ分の　長さ　(　　　　)

2 つぎの　数《かず》を　数字《すうじ》で　書《か》きましょう。　1つ8点【32点】

① 下の　色紙《いろがみ》の　数

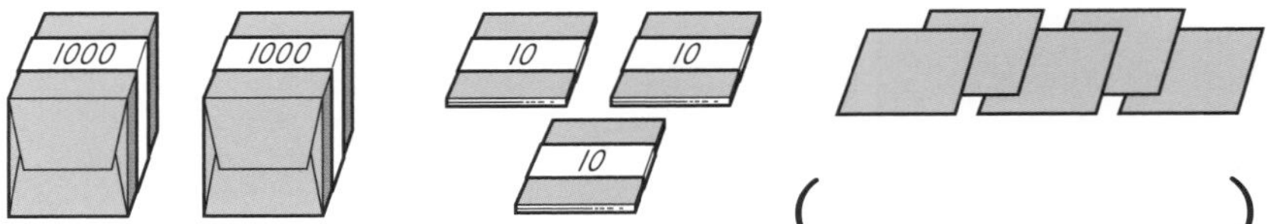

(　　　　)

② 1000を　7こ，100を　3こ，1を　6こ　あわせた　数　(　　　　)

③ 100を　63こ　あつめた　数　(　　　　)

④ 10000より　100　小さい　数　(　　　　)

3 リボンを　38cm　切《き》ったので，のこりが　47cmに　なりました。リボンは　はじめに　何cm　ありましたか。　しき10点，答え10点【20点】

(しき)

答《こた》え＿＿＿＿＿＿

4 1はこに　12こ入《い》りの　おかしが　あります。12この　$\frac{1}{3}$は　何こですか。　【16点】

(　　　　)

5 右の　はこの　形《かたち》に　ついて　答えましょう。　1つ8点【16点】

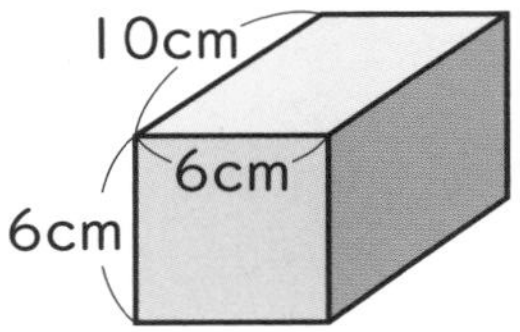

① 長方形《ちょうほうけい》の　面《めん》は　いくつ　ありますか。

(　　　　)

② 長さが　6cmの　へんは　いくつ　ありますか。

(　　　　)

学習《がくしゅう》した日　　月　　日

名《な》前《まえ》

とく点《てん》

100点まんてん

答《こた》え ▶ 85ページ

生活 1 春《はる》を　見つけよう

1　見つけた　花の　□に　○を　つけましょう。

【42点】

タンポポ □

ゲンゲ □

シロツメクサ □

ハルジオン □

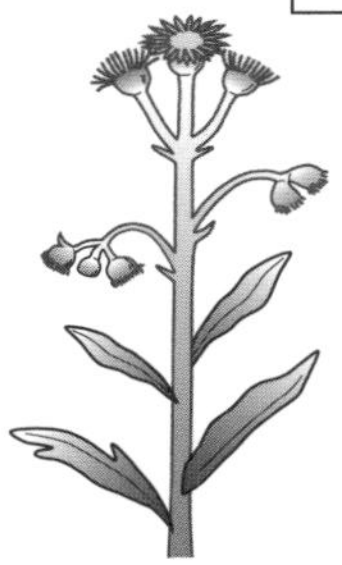

アブラナ □

ホトケノザ □

2　見つけた　虫の　□に　○を　つけましょう。

【28点】

ハナアブ □

ダンゴムシ □

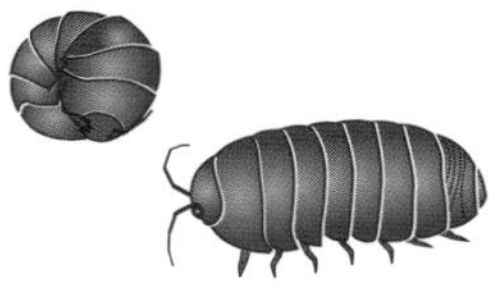

テントウムシ □

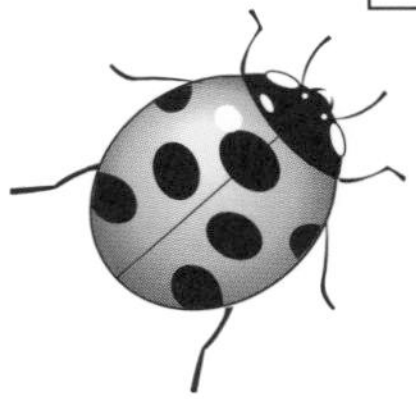

モンシロチョウ □

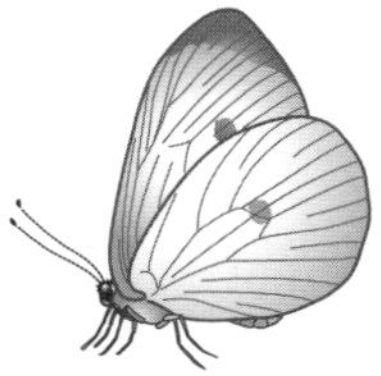

3　春の　ようすは　どちらですか。□に　○を　つけましょう。

1つ15点【30点】

① サクラ

㋐ □　㋑ □

② 池《いけ》の　水

㋐ □　㋑ □

町を　たんけんしよう

1 町を　たんけんして　見つけた　ところの　□に　○を　つけましょう。　【30点】

□ 公園《こうえん》

□ びょういん

□ 田や　はたけ

□ ゆうびんきょく

□ えきや　バスてい

□ 図書《としょ》かん

2 町を　たんけんする　ときに，もって　いくと　よい　ものは　どれですか。下から　5つ　えらんで，（　　）に　○を　つけましょう。　1つ10点【50点】

㋐ 水とう	㋑ カメラ	㋒ ゲームき	㋓ 地図《ちず》

（　　）	（　　）	（　　）	（　　）

㋔ ぼうし	㋕ ボール	㋖ マンガ	㋗ 時計《とけい》
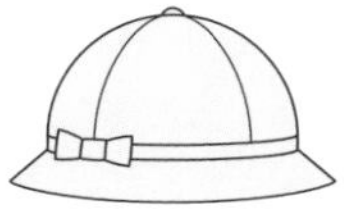			
（　　）	（　　）	（　　）	（　　）

3 町を　たんけんする　ときに　気を　つける　ことに　ついて，合《あ》う　ことばを　〔　〕から　えらんで，○で　かこみましょう。　1つ10点【20点】

① 青しんごうに　なったら，左右を
〔　かくにんして　見ないで　〕　わたる。

② しなものの　しゃしんを　とりたい　ときは，
店《みせ》の　人に　〔　たしかめる　近《ちか》づかない　〕。

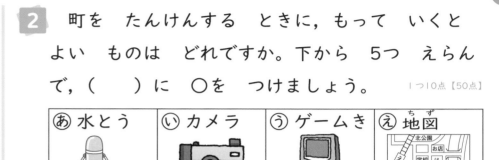

生活 3

野《や》さいを　そだてよう

もくひょう時間《じかん》 20 分《ぷん》

学習《がくしゅう》した日　月　日

名《な》前《まえ》

とく点《てん》

100点まん点

答《こた》え ▶ 85ページ

1 絵《え》の野さいの　名前《なまえ》を〔　　〕から　えらんで，□に　書《か》きましょう。　1つ11点【55点】

あ

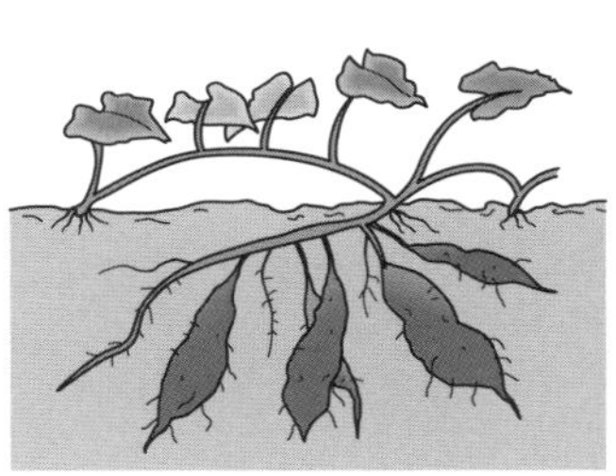

い

う

え

お

〔ジャガイモ　ナス　キュウリ　サツマイモ　ミニトマト〕

2 サツマイモの　正しい　そだて方《かた》は　どちらですか。□に　○を　つけましょう。　1つ15点【45点】

① あ

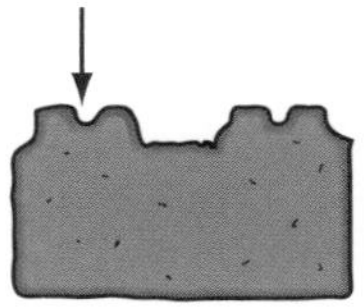

□うねに　うえる。

い

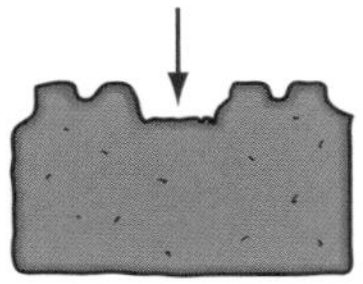

□うねと　うねの　間《あいだ》に　うえる。

② あ

□はに　土を　かける。

い

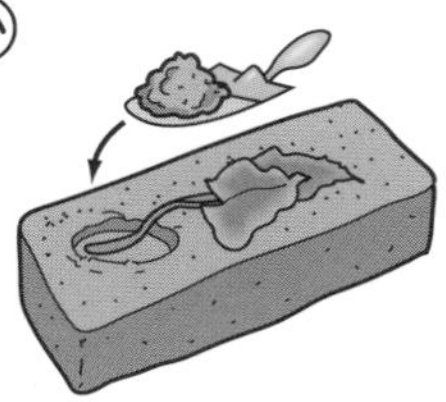

□くきに　土を　かける。

③ あ

□水を　やる。

い

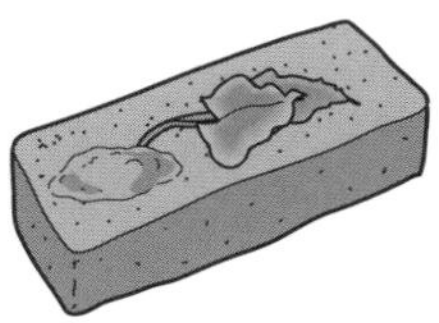

□水を　やらない。

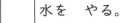

野《や》さいが　できたよ

1　ミニトマトの　正しい　せわは　どちらですか。
(　　)に　○を　つけましょう。　1つ10点【30点】

① ㋐(　　　)
しちゅうは
立てるだけ
で　よい。

㋑(　　　)
くきと
しちゅうを
ひもで
むすぶ。

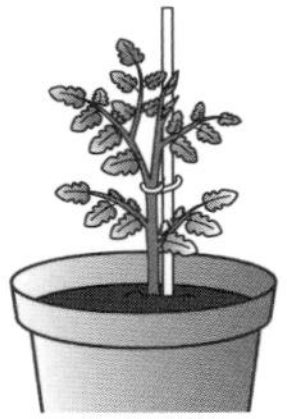

② ㋐(　　　)
わきめを
つむ。

㋑(　　　)
わきめは
つまない。

③ ㋐(　　　)
みが　なってからも，
水を　やる。

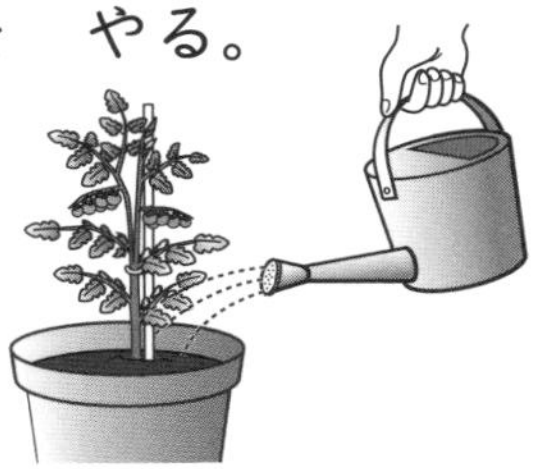

㋑(　　　)
みが　なったら，水を
やらなくて
よい。

2　下の　絵《え》を　見て　答《こた》えましょう。

①　1，2，3の　絵は，どの　野さいの　ものですか。線《せん》で　むすびましょう。　ぜんぶできて【40点】

1
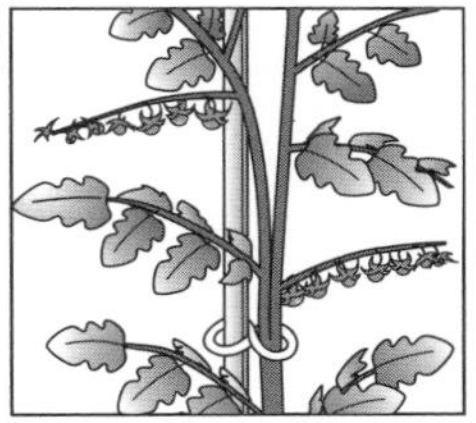

2

3
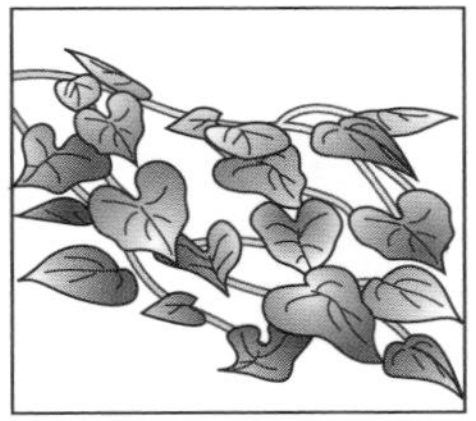

あ
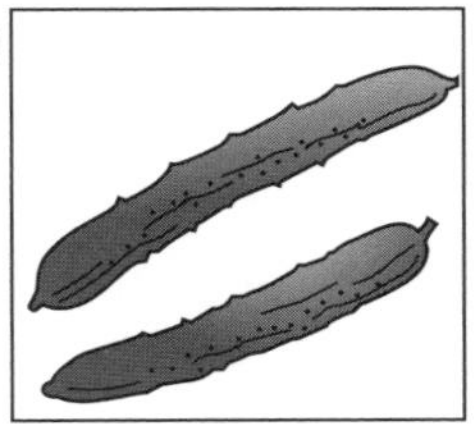

い
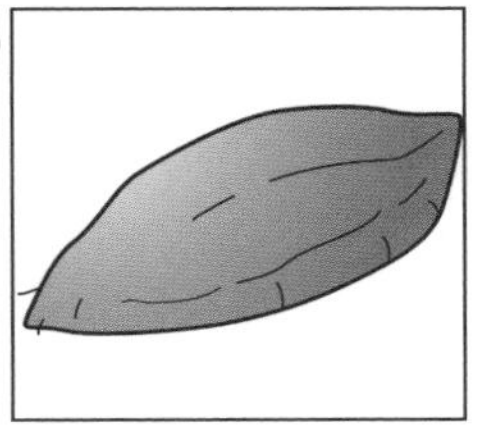

う
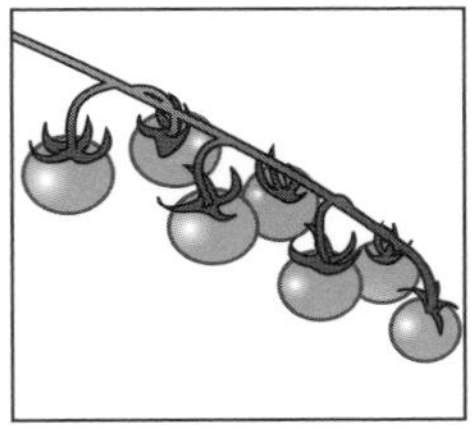

②　①の　あ，い，うは，それぞれ　何《なん》と　いう　野さいですか。［　　］から　えらんで　書《か》きましょう。　1つ10点【30点】

あ(　　　　　　　)　い(　　　　　　　)
う(　　　　　　　)

［　キュウリ　ミニトマト　サツマイモ　］

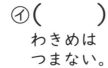

もくひょう時間《じかん》 20 分《ぷん》

学習《がくしゅう》した日　月　日

名《な》前《まえ》

とく点《てん》

100点まん点

答《こた》え ▶ 85ページ

いろいろな　店《みせ》

1　行《い》った　ことの　ある　店の　□に　○を　つけましょう。【72点】

□ やおやさん

□ 魚《さかな》やさん

□ パンやさん

□ 本やさん

□ 文ぼうぐ店《てん》

□ 花やさん

□ 肉《にく》やさん

□ おかしやさん

□ スポーツ用《よう》ひん店

2　スーパーマーケットで　見つけた　ところを　線《せん》で　むすびましょう。1つ7点【14点】

① お金を　はらう　ところ　•　　•

② 野《や》さい売《う》り場《ば》　•　　•

3　ようこさんが　買《か》いものを　して　います。ふき出しに　入る　ことばを　〔　〕から　えらんで、（　）に　記《き》ごうを　書《か》きましょう。1つ7点【14点】

①

②

〔㋐はぶらしは　ありますか。　㋑これを　ください。〕

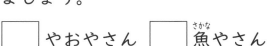

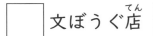

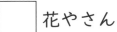

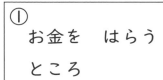

かくにんテスト①

もくひょう時間《じかん》 20分《ぷん》

学習《がくしゅう》した日　　月　　日

名《な》前《まえ》

とく点《てん》

100点まん点

答《こた》え ▶85ページ

1 見つけた 春《はる》の ようすの □に ○を つけましょう。【60点】

□ サクラ

□ おたまじゃくし

□ チョウ

□ 春の 交通《こうつう》あんぜん

□ タンポポ

□ ハナアブ

2 野《や》さいの なえを うえます。うえる じゅんに，□に 番《ばん》ごうを 書《か》きましょう。ぜんぶできて【20点】

□ 水を やる。	□ ひりょうを まぜた 土を 入れる。	□ 土を かける。	□ なえを うえかえる。

3 町を たんけんする ときに，まちがったことを して いるのは どれですか。□に ×をつけましょう。【20点】

□ 知《し》って いる 人に あいさつを しなかった。

□ 店《みせ》の 人に ことわって，中に 入った。

□ 道《どう》ろの きまりを まもって 歩《ある》いた。

生活

7 生きものを　見つけよう

1　見た　ことの　ある　生きものの　□に　○を　つけましょう。【40点】

2　①，②，③の　生きものは，大きく　なると　何《なに》に　なりますか。線《せん》で　むすびましょう。１つ10点【30点】

①　あおむし　②　おたまじゃくし　③　やご

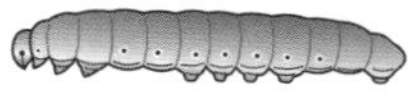 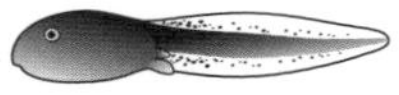 

トンボ	カエル	モンシロチョウ

3　あ，い，うの　生きものの　名前《なまえ》を　□から　えらんで，（　　）に　書《か》きましょう。１つ10点【30点】

あ 　い 　う 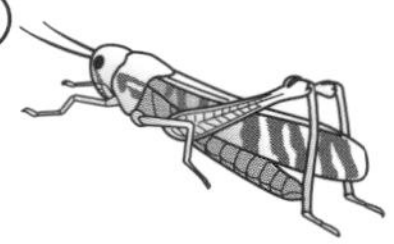

（　　　　）（　　　　）（　　　　）

モンシロチョウ　カタツムリ　バッタ

生活 8 生きものを　かおう

もくひょう時間《じかん》 20 分《ぶん》

学習《がくしゅう》した日　　月　　日

名《な》前《まえ》

とく点《てん》

100点まんてん

答《こた》え ▶ 86ページ

1 ザリガニの　正しい　かい方《かた》は　どちらですか。□に　○を　つけましょう。

１つ10点【50点】

① ㋐ □　㋑ □

㋐ メダカや　金《きん》魚《ぎょ》と　いっしょに　かう。

㋑ ザリガニだけ　１～２ひき　かう。

② ㋐ □　㋑ □

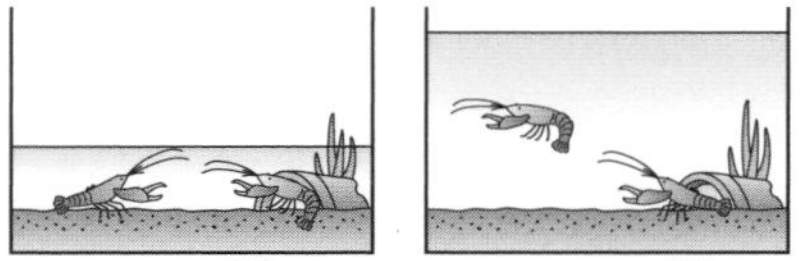

㋐ 水は　少《すく》なめに　入れる。

㋑ 水を　多《おお》く　入れる。

③ ㋐ □　㋑ □

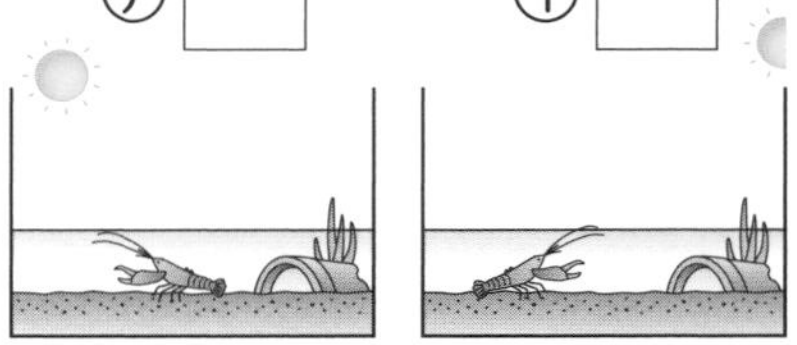

㋐ １日中　日の　当《あ》たる　ところに　おく。

㋑ １日，２～３時《じ》間《かん》，日の　当たる　ところに　おく。

④ ㋐ □　㋑ □

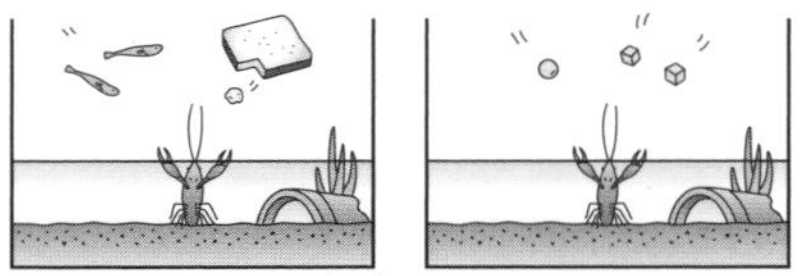

㋐ えさは　にぼしや　食《しょく》パンなどを　やる。

㋑ えさは　あめや　さとうなどを　やる。

⑤ ㋐ □　㋑ □

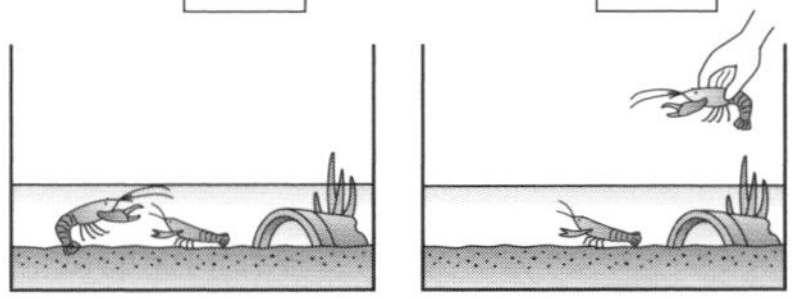

㋐ 子どもが　大きく　なっても　いっしょに　かう。

㋑ 子どもが　大きく　なったら　べつべつに　かう。

〈かう　ときの　ちゅうい〉

アメリカザリガニは，外《そと》に　にがしては　いけないよ。

2 おたまじゃくしから　あしが　はえて　きました。もんだいに　答《こた》えましょう。

① そだてるのに　よい　水そうは　どれですか。□に　○を　つけましょう。

【20点】

㋐ □

㋑ □

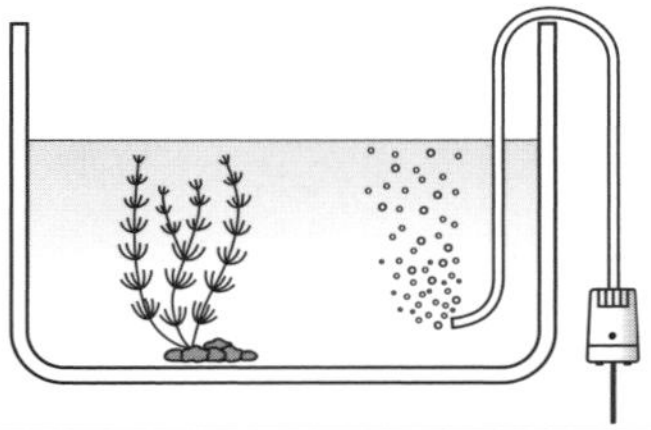

㋒ □

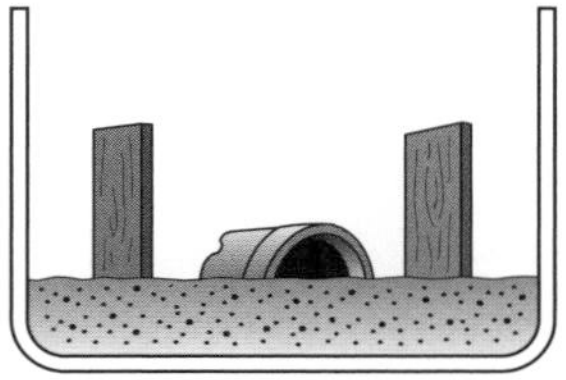

㋓ □

② おたまじゃくしの　えさを〔　　〕から　２つ　えらんで（　）に　書《か》きましょう。

１つ15点【30点】

（　　　　　　）（　　　　　　）

〔食パン　　金魚の　えさ　　あめ〕

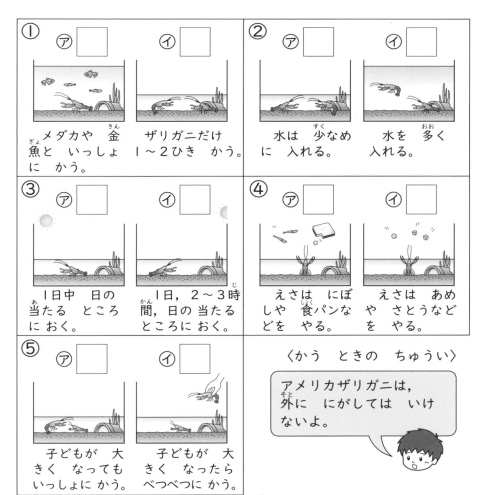

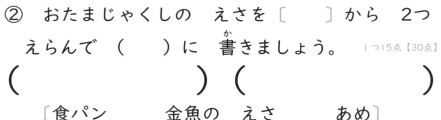

もくひょう時間《じかん》 20 分《ぷん》

学習《がくしゅう》した日　　月　　日

名《な》前《まえ》

とく点《てん》

100点まん点

答《こた》え ▶ 86ページ

夏《なつ》を　見つけよう

1　見つけた　夏の　ようすの　□に　○を　つけましょう。【55点】

草花 	□ ホウセンカ	□ ヒマワリ	□ アサガオ	□ オシロイバナ
くらし 	□ ラジオ体《たい》そう	□ せん風《ぷう》き	□ たなばた	□ プール
生きもの 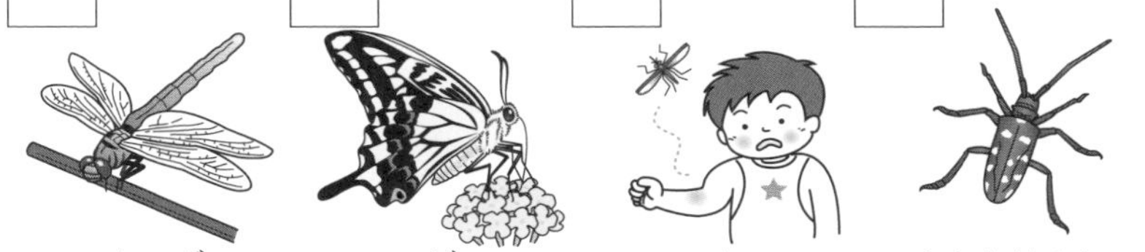	□ トンボ	□ アゲハ	□ カ	□ カミキリムシ
食《た》べもの 	□ トウモロコシ	□ スイカ	□ かきごおり	

2　夏休みに　いろいろな　ことを　しました。①，②，③の　絵《え》と　合《あ》う　ものを，線《せん》で　むすびましょう。

1つ15点【45点】

①　•

②　•

③　•

• ㋐ 夏まつりの　とき　みんなで　わに　なって　おどったよ。

• ㋑ かわらで　ごみを　ひろったよ。

• ㋒ 夜《よる》には　みんなで　花火を　したよ。

かくにんテスト②

もくひょう時間《じかん》 20 分《ぷん》

学習《がくしゅう》した日　　月　　日

名《な》前《まえ》

とく点《てん》

100 点 まん点

答《こた》え ▶ 86ページ

1 下の 絵《え》の 中から，水の 中で 見つける ことが できる 生きものを 5つ えらんで，□に ○を つけましょう。

Ⅰつ８点【40点】

㋐ □

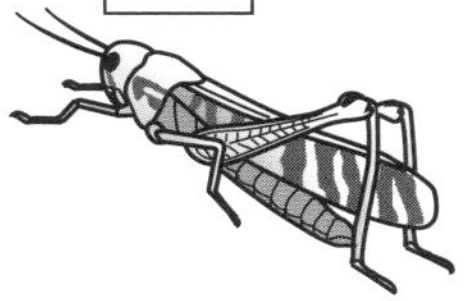

㋑ □

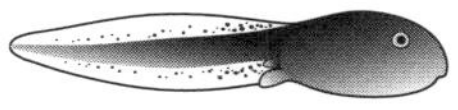

㋒ □

㋓ □

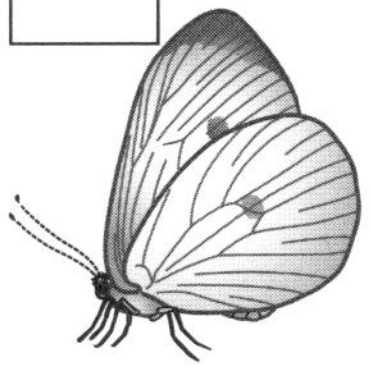

㋔ □

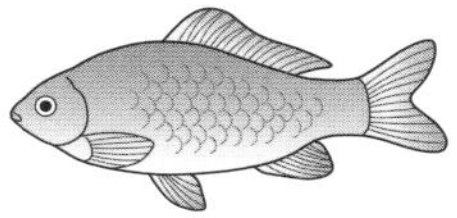

㋕ □

㋖ □

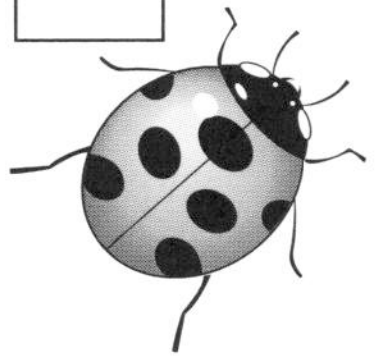

㋗ □

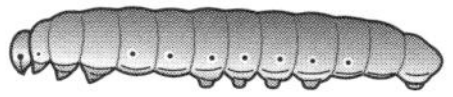

㋘ □

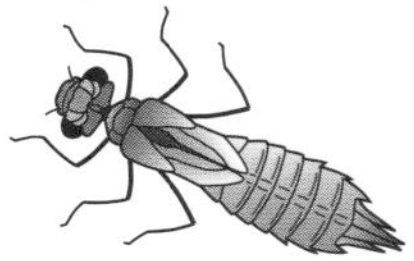

㋙ □

㋚ □

㋛ □

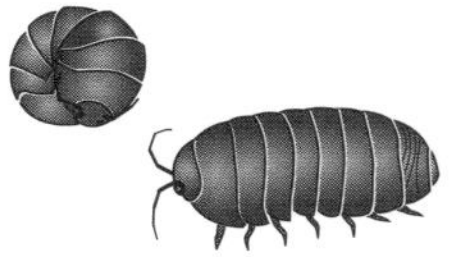

2 ザリガニに ついて，正しい ものに ○を，まちがって いる ものに ×を つけましょう。

Ⅰつ10点【50点】

①（　　　）水の そこの 土に あなを ほって すむ。

②（　　　）あしを つかって，水の 上を すいすい およぐ。

③（　　　）するめや にぼしなどを 食《た》べる。

④（　　　）はやく うごく ときは，おを つかって 前《まえ》へ およぐ。

⑤（　　　）家《いえ》の 近《ちか》くの 水べに にがす。

3 夏《なつ》に 見られる 花は どれですか。□に ○を つけましょう。

【Ⅰ0点】

㋐ □

㋑ □

㋒ □

生活

11 うごく　おもちゃを　作《つく》ろう

もくひょう時間《じかん》 20 分《ぷん》

学習《がくしゅう》した日　月　日

名《な》前《まえ》

とく点《てん》

100点まん点

答《こた》え ▶ 86ページ

生活

1 おもちゃの　しょうかいを　して　います。合《あ》う　ものを　線《せん》で　むすびましょう。

1つ16点【48点】

① そこに　おもりが　ついて　いるので，たおれないよ。

② かさに　風《かぜ》を　うけて，ゆっくりと　おちて　くるのよ。

③ ほに　風を　うけて　走《はし》るよ。

パラシュート

ヨットカー

おきあがりこぼし

2 みの　回《まわ》りに　ある　ざいりょうで，おもちゃを　作りました。つかった　ざいりょうを　線で　むすびましょう。

1つ13点【52点】

①ゴムまき車

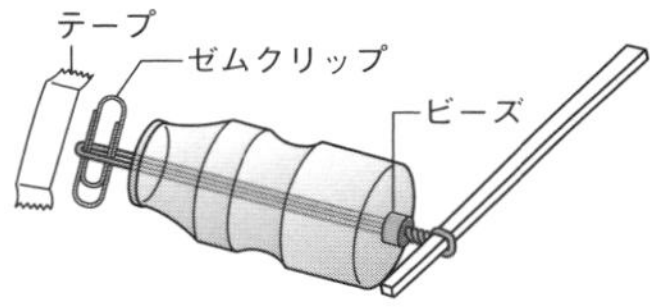

②ゴムを　つかった　とぶ　ウサギ

③まつぼっくり　けん玉

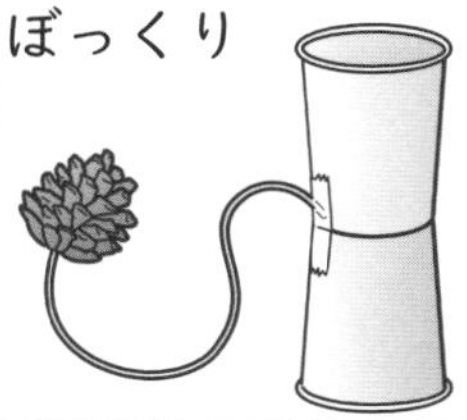

④うごく　カメ

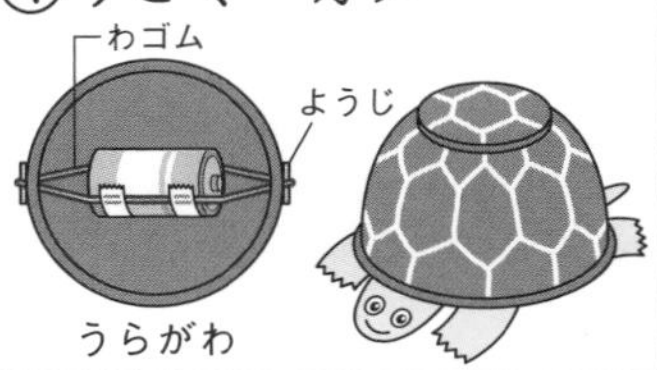

㋐

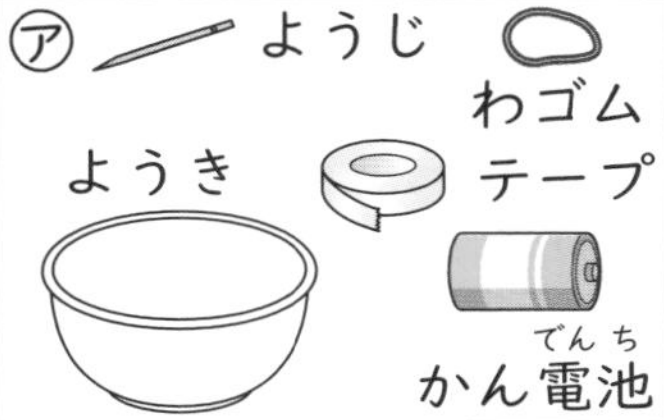

㋑

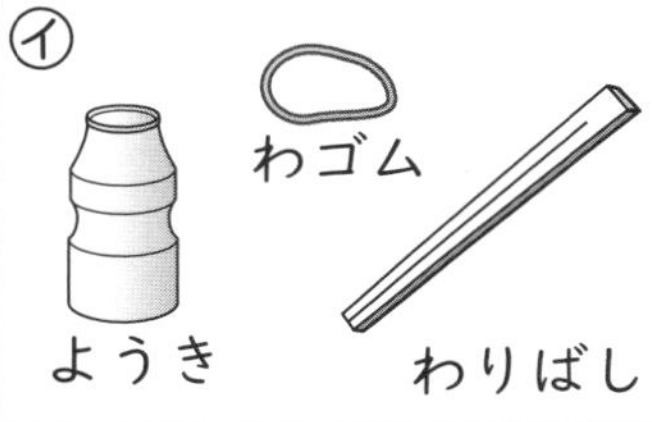

㋒

㋓

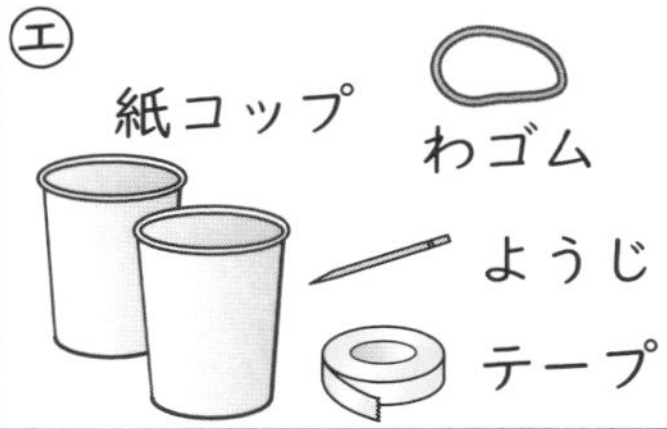

生活 12

秋《あき》を　見つけよう

1 ①，②，③のような　みの　なって　いる　木を　見つけました。〔　　〕から　名前《なまえ》を　えらんで　(　　)に　書《か》きましょう。

Ｉつ10点【30点】

①

②

③

(　　　　　)(　　　　　)(　　　　　)

〔カキ　　クリ　　イチョウ〕

2 下の　生きものの　うち，鳴《な》く　ものを　2つ　えらんで，(　　)に　〇を　つけましょう。

Ｉつ15点【30点】

① カマキリ　　② スズムシ　　③ コオロギ

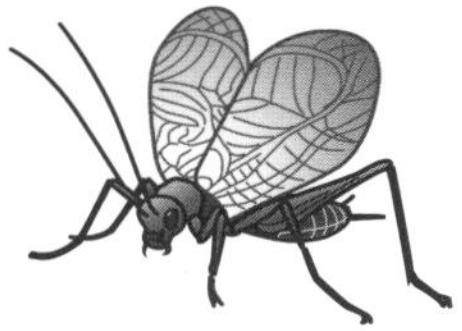

(　　)　　(　　)　　(　　)

3 秋に　見られる　ものを　通《とお》って，ゴールまで　行《い》きましょう。

Ｉつ10点【40点】

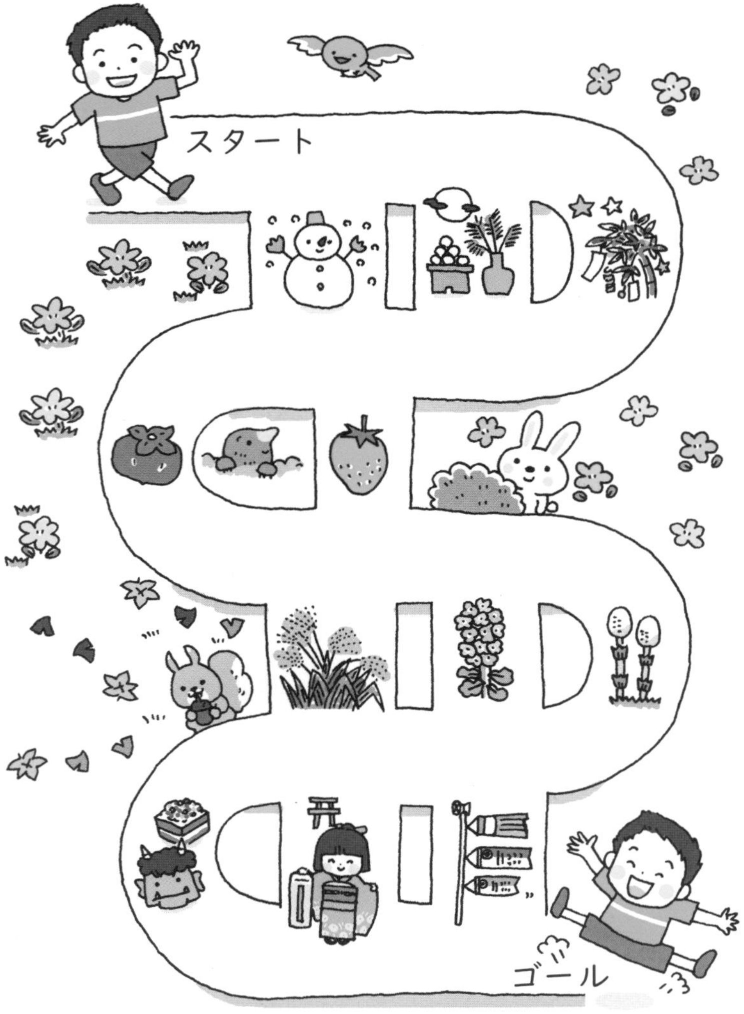

生活 13

のりものに　のって　みよう

1　バスの　中で　見つけた　ものです。合《あ》う　ものを　線《せん》で　むすびましょう。　1つ10点【60点】

①

②

③

㋐ りょう金ばこ	㋑ ボタン	㋒ うんてんせき
㋐ おりる　ときに　おします。	㋑ 正しい　りょう金を　はらいます。	㋒ あんぜんに　気を　つけて　うんてんして　くれます。

2　右の　絵《え》は　どんな　せきですか。つぎの　文の（　　）に　ことばを　書《か》きましょう。　【10点】

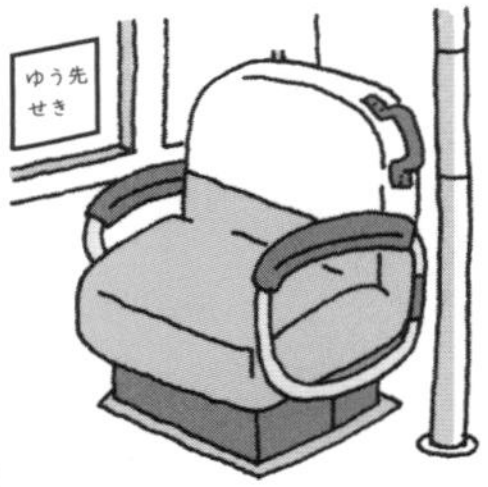

体《からだ》の　ふじゆうな　人や，
（　　　　　　）が　すわります。

3　バスの　のり方《かた》として　よい　ものを　3つ　えらんで，□に　○を　つけましょう。　1つ10点【30点】

① □ うんてん中の　うんてんしゅさんに　話《はな》しかける。

② □ お年よりに　せきを　ゆずる。

③ □ じゅん番《ばん》を　まもって　のる。

④ □ まどから　手を　出す。

⑤ □ つりかわに　ぶらさがって　あそぶ。

⑥ □ 行《い》き先を　たしかめてから　のる。

冬《ふゆ》を　見つけよう

もくひょう時間《じかん》 20 分《ぷん》

学習《がくしゅう》した日　　月　　日

名《な》前《まえ》

とく点《てん》

100点 まん点

答《こた》え ▶ 87ページ

1　冬の　野原《のはら》や　公園《こうえん》で　見つけた　ものの　□に　○を　つけましょう。【50点】

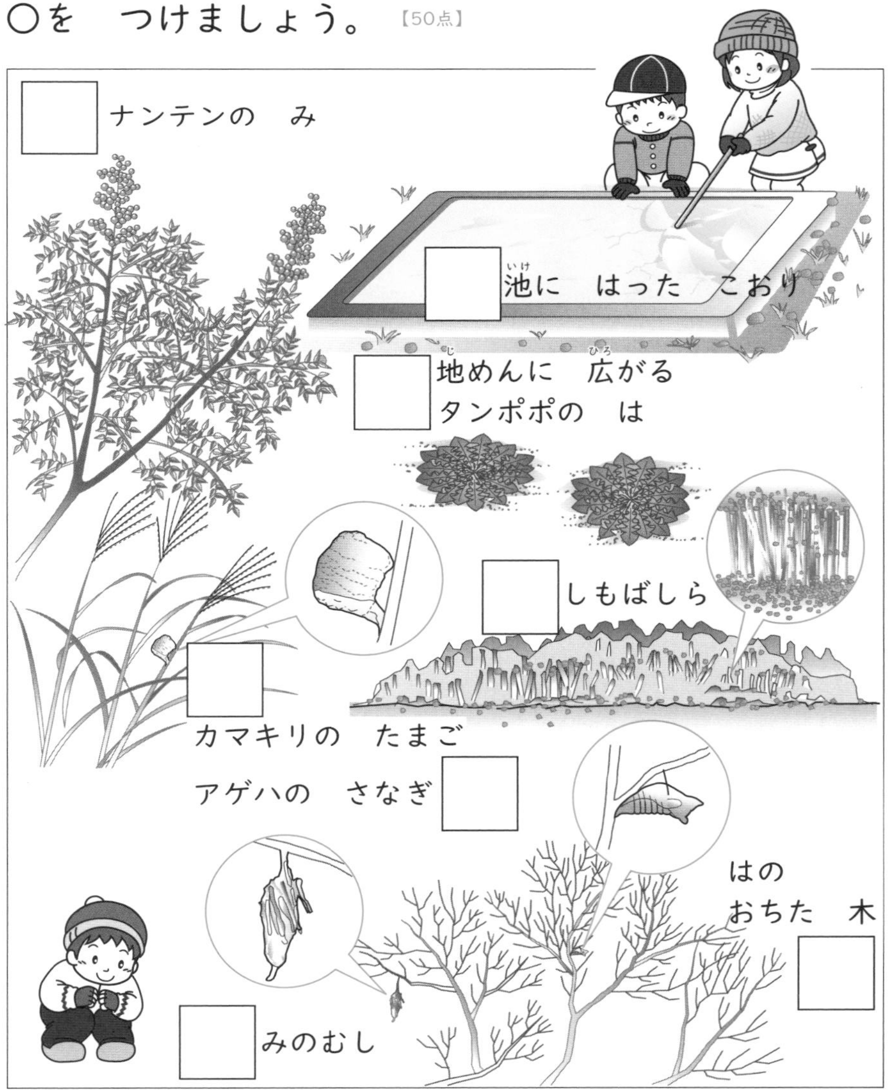

2　冬に　つかう　ものは　どれですか。5つ　えらんで，□に　○を　つけましょう。1つ10点【50点】

□ ㋐ こたつ

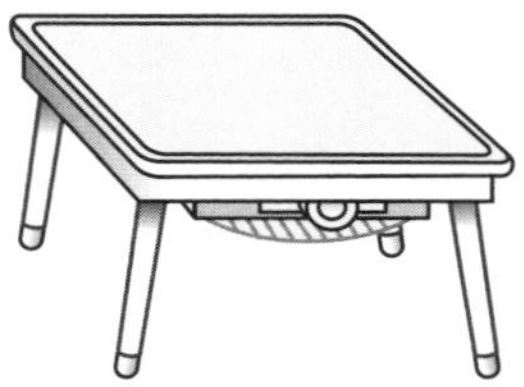

□ ㋑ せん風《ぷう》き

□ ㋒ おん風ヒーター

□ ㋓ 風《ふう》りん

□ ㋔ スキー

□ ㋕ 電気《でんき》カーペット

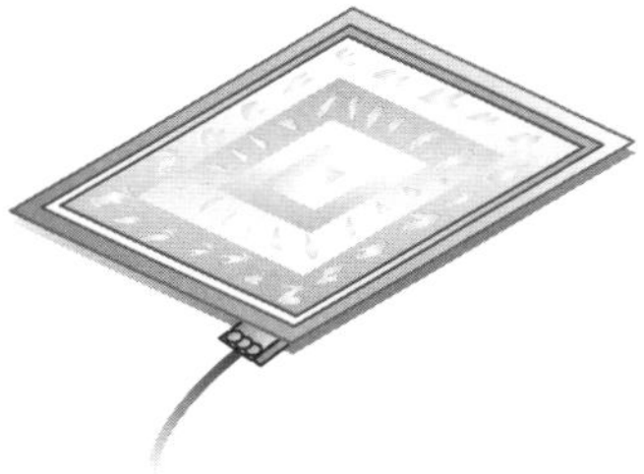

□ ㋖ 虫とりあみ

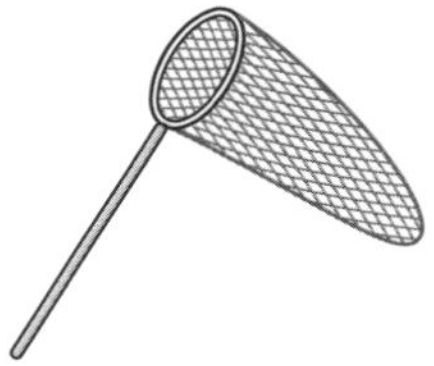

□ ㋗ うきわ

□ ㋘ 手ぶくろ

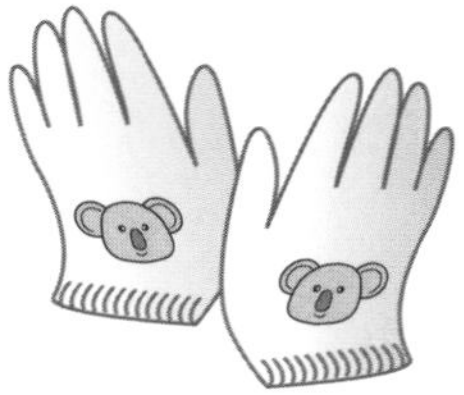

こんなに　大きく　なったよ

答《こた》え ▶ 87ページ

1　あなたが　生まれた　ときや　小さい　ころの　ようすは，どのように　して　しらべましたか。□に　○を　つけましょう。【60点】

□ お父《とう》さんや　お母《かあ》さんに　聞《き》いた。

□ おじいさんや　おばあさんに　聞いた。

□ アルバムを　見た。

□ ビデオを　見た。

□ 母子手《ぼして》ちょうを　見せて　もらった。

□ ほいく園《えん》や　ようち園の　先生に　聞いた。

2　2年生で　できるように　なったり，じょうずに　なったり　した　ことの　□に　○を　つけましょう。【40点】

□ なわとびが　じょうずに　なった。

□ てつぼうが　じょうずに　なった。

□ 2年生の　かん字を　書《か》けるように　なった。

□ 一りん車に　のれるように　なった。

★この　ほかに　できるように　なった　ことが　あったら　書きましょう。

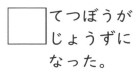

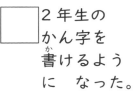

かくにんテスト③

もくひょう時間《じかん》 20分《ぷん》

学習《がくしゅう》した日　　月　　日

名《な》前《まえ》

とく点《てん》

100点 まん点

答《こた》え ▶ 87ページ

1 電車《でんしゃ》の　のり方《かた》が　よい　友《とも》だちに　○，よく　ない　友だちに　×を　□に　つけましょう。

1つ5点【45点】

2 秋《あき》に　見られる　虫は　どれですか。（　）に　○を　つけましょう。

【15点】

①（　　）　②（　　）　③（　　）

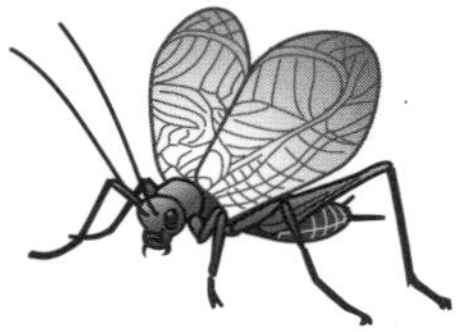
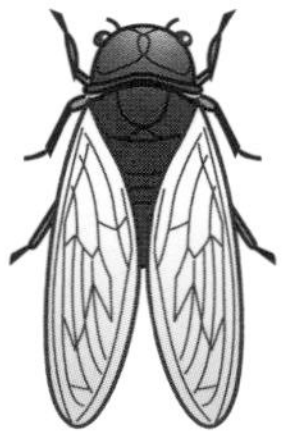

3 町や　公園《こうえん》で，友だちが　冬《ふゆ》の　ようすを　見つけました。だれが　見つけたのか，線《せん》で　むすびましょう。

1つ10点【40点】

①

②

③

④
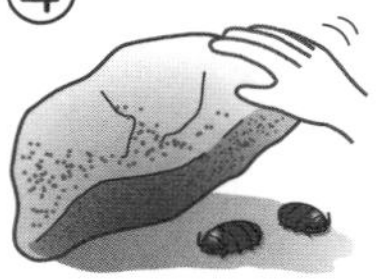

㋐ さくらの　木が　さむそうだった。

㋑ 石の　下に　ダンゴムシが　いた。

㋒ マフラーを　した　人が　いた。

㋓ タンポポの　はが　地《じ》めんに　広《ひろ》がって　いた。

国語 1

ようすや 気もちを 読《よ》みとろう①

もくひょう時間《じかん》 15分《ふん》

名《な》前《まえ》

学《がく》習《しゅう》した日 月 日

とく点《てん》

100点 まん点

答《こた》え ▶88ページ

お話《はなし》を 読《よ》んで、答《こた》えましょう。【100点】

ねこが ねずみを 食《た》べる ことを 知《し》らない 三びきの 子ねずみは、ねこに 話《はな》しかけました。

「じゃあ ぼくたちと いっしょに おいしい ももを とりに 行《い》かない？」

それを 聞《き》いて、ねこは 思《おも》いました。

（おいしい ももか……うん、うん。その 後《あと》で この 三びきを……ひひひひ…… きょうは なんて ついて いるんだ）

ねこは、子ねずみたちを せなかに のせると、ももの 木の 方《ほう》へ 走《はし》って いきました。

三びきの 子ねずみと ねこは ももを 食べはじめました。

（う、うまい……でも たくさん 食べたら いけないぞ。おなかが いっぱいに なったら、こいつらが 食べられなく なるからな。ひひひひ……）

ねこは ももを 食べながら 思いました。

① ぼくたちとは、だれの ことですか。（20点）

（　　　　）

② ぼくたちに さそわれて、ねこは 何《なに》を する ことに しましたか。一つ10点（20点）

・（　　　　）を（　　　　）ことに した。

③ きょうは なんて ついて いるんだの ところに、丸《まる》（。）と 点《てん》（、）を 一つずつ つけて、文を 書《か》きましょう。（20点）

④ ついて いるの ここでの いみを えらんで、記《き》ごうを ○で かこみましょう。（20点）

ア くっついて いる。

イ うんが むいて いる。

ウ つきそって いる。

⑤ たくさん 食べたら いけないと 思ったのは、なぜですか。（20点）

国語 2

ようすや 気もちを 読《よ》みとろう②

もくひょう時間《じかん》 15分《ふん》

名前《なまえ》

学習《がくしゅう》した日　月　日

とく点《てん》

100点 まん点

答《こた》え ▶88ページ

お話《はなし》を 読《よ》んで、答《こた》えましょう。【100点】

ももを 食《た》べおわると、三びきの 子ねずみと ねこは のこった ももを もって、帰《かえ》って いきました。

そして、あと 少《すこ》しの ところまで 来《き》た ときです。ねこは [ ] 止《と》まって、

にゃーご

できるだけ こわい 顔《かお》で さけびました。

そして、

「おまえたちを 食《く》って やる!」

と、言《い》おうと した その ときです。

にゃーご

にゃーご

にゃーご

三びきが さけびました。

「へへへ……たまおじさんと はじめて 会《あ》った とき、おじさん にゃーご! って 言ったよね。あの とき、おじさん こんにちは! って 言ったんでしょう。そして 今《いま》の にゃーごが さよならなんでしょ。」

（宮西 達也「にゃーご」〈すずき出版〉より）

① あと 少しの ところとは、どんな いみですか。一つ えらんで、記《き》ごうを ○で かこみましょう。（20点）

ア ももを 食べおわる ところ。

イ のこった ももを 分《わ》ける ところ。

ウ 子ねずみと わかれる ところ。

② [ ]に 入る ことばを えらんで、記ごうを ○で かこみましょう。（15点）

ア くるっと　イ ぴたっと

ウ ぎろっと

③ にゃーごと さけんだ とき、ねこは どのように しましたか。（20点）

（　　　　）

④ にゃーごを、三びきの 子ねずみは どんな いみだと 思《おも》いましたか。それぞれ 書《か》きましょう。（一つ15点〈30点〉）

1 はじめて 会った とき。

（　　　　）

2 今

（　　　　）

⑤ 三びきの 子ねずみは、ねこを 何《なん》と よんで いますか。（15点）

（　　　　）

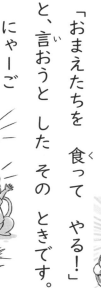

国語 3

かん字を 書《か》こう 読《よ》もう ①

もくひょう時間《じかん》 15分《ふん》

名前《なまえ》

学習《がくしゅう》した日　月　日

とく点《てん》

100点 まん点

1 □に かん字を 書《か》きましょう。 一つ4点【36点】

① □《こ》ども用《よう》の くつ。

② □《き》の おもちゃ。

③ □《やま》の 中の □《くう》□《き》は、おいしい。

④ □《かわ》の □《みず》に □《あし》を ひたす。

⑤ □《せん》□《せい》が □《て》を ふる。

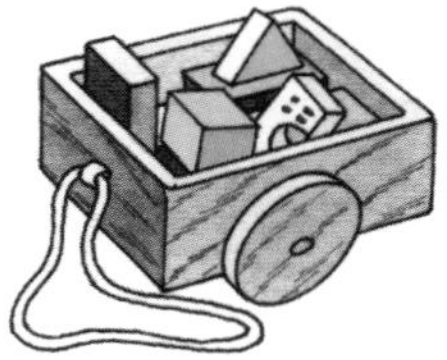

2 ――の ことばを、かん字と おくりがなで 書きましょう。 一つ4点【12点】

① ちいさい 犬。（　　）

② へやに はいる。（　　）

③ 体《からだ》が おおきい。（　　）

3 ――の かん字に、読《よ》みがなを つけましょう。 一つ4点【44点】

① 父の 絵《え》と 母の 絵。

② 夏休みを 親こで すごす。

③ この 冬は、雪が 多《おお》かった。

④ 姉も 二人《ふたり》の 妹も、秋に 生まれた。

⑤ 春風が ふいて、雲を ふきとばす。

4 ――の かん字に、読みがなを つけましょう。 一つ2点【8点】

① ア 兄の 本。　イ 兄弟

② ア 晴れる　イ 晴天

答《こた》え ▶88ページ

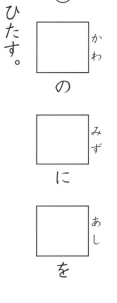

国語 4

かん字を 書《か》こう 読《よ》もう②

もくひょう時間《じかん》 15分《ふん》

名前《なまえ》

学習《がくしゅう》した日　月　日

とく点《てん》

100点 まん点

答《こた》え ▶88ページ

1 □に かん字を 書《か》きましょう。

一つ3点【21点】

① □□《せいてん》の 空に □《くも》が うかぶ。

② 強《つよ》い □《かぜ》が ふく。

③ □《ちち》と □《ゆき》だるまを 作《つく》る。

④ □《おや》□《こ》で 出かける。

⑤ □《はは》が ケーキを やく。

2 □に なかまの かん字を 書きましょう。

一つ3点【24点】

① きょうだい

□《あに》・□《あね》・□《おとうと》・□《いもうと》

② きせつ

□《はる》・□《なつ》・□《あき》・□《ふゆ》

3 ―の かん字に、読《よ》みがなを つけましょう。

一つ3点【39点】

① 米（　）と 麦（　）を そだてる。

② 頭（　）と 顔（　）と 首（　）を あらう。

③ 肉（　）と 魚（　）を 買《か》う。

④ 黄（　）色《いろ》い 羽（　）。

⑤ 茶（　）色い 毛（　）の 牛（　）と 馬（　）を 見かける。

4 ―の かん字に、読みがなを つけましょう。

一つ4点【16点】

① ア 小鳥（　）　イ 野《や》鳥（　）

② ア 黒（　）い 犬。　イ 黒（　）ばん

国語 5

丸《まる》（。）点《てん》（、）かぎ（「 」）／なかまの ことば／はんたいの いみの ことば

もくひょう時間《じかん》 15分《ふん》

名前《なまえ》

学習《がくしゅう》した日　月　日

とく点《てん》

100点 まん点

答《こた》え ▶88ページ

1 □に、丸《まる》（。）か 点《てん》（、）を つけましょう。 一つ3点【21点】

① わたしは□パンダが すきだ□

② 雨が ふって きたので□走《はし》って 家《いえ》に 帰《かえ》った□

③ きのう□お母《かあ》さんは□妹《いもうと》と 買《か》いものに 出かけた□

2 □に、丸（。）か 点（、）か かぎ（「 」）を つけましょう。 一つ4点【20点】

まきさんが□

□あした□いっしょに 公園《こうえん》で あそぼうよ。□

と 言《い》った□

3 □に 点（、）を 一つ つけて、絵《え》に 合《あ》う 文に しましょう。 【7点】

・ぼくは□弟《おとうと》と□犬を さがした。

4 つぎの なかまの ことばを、「 」から えらんで 書《か》きましょう。 一つ3点【36点】

① 色《いろ》…… □・□・□

② しぜん…… □・□・□

③ 一日…… □・□・□

④ 体《からだ》…… □・□・□

「首《くび》 雪《ゆき》 昼《ひる》 黒《くろ》 頭《あたま》 夜《よる》
黄《き》 顔《かお》 朝《あさ》 風《かぜ》 茶《ちゃ》 雲《くも》」

5 つぎの ことばと はんたいの いみの ことばを、「 」から えらんで 書きましょう。 一つ4点【16点】

① 新《あたら》しい ↕ （　　）

② 強《つよ》い ↕ （　　）

③ 太《ふと》い ↕ （　　）

④ 買《か》う ↕ （　　）

「細《ほそ》い 多《おお》い 弱《よわ》い 明《あか》るい
古《ふる》い 近《ちか》い 売《う》る 長《なが》い」

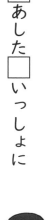

国語

6 かん字を 書《か》こう 読《よ》もう③

もくひょう時間《じかん》 15分《ふん》

1 □に かん字を 書《か》きましょう。 （一つ3点【24点】）

① ビーズの □《くび》 かざり。

② □《き》 色《いろ》の □□《けいと》。

③ □《あたま》の 上から とりの □□《はおと》が 聞《き》こえる。

④ □《かお》が □《くろ》く 日やけする。

⑤ お□《ちゃ》を のんで、くつろぐ。

2 □に なかまの かん字を 書きましょう。 （一つ4点【32点】）

① どうぶつ
□《うし》・□《うま》・□《とり》・□《いぬ》

② たべもの
□《こめ》・□《むぎ》・□《にく》・□《さかな》

3 ―の かん字に、読《よ》みがなを つけましょう。 （一つ3点【36点】）

① 野原で 星を ながめる。

② 海の さちを 食べ歩く。

③ 池の まわりを 走る。

④ 谷そこの 川に 岩が ある。

⑤ 「おには 外、ふくは 内。」と 言《い》って、まめまきを する。

4 ―の かん字に、読みがなを つけましょう。 （一つ2点【8点】）

① ア 地めん　イ 地上

② ア 前足　イ 前後

名前

学習《がくしゅう》した日　月　日

とく点《てん》

100点 まん点

答《こた》え ▶88ページ

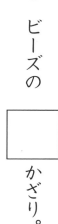

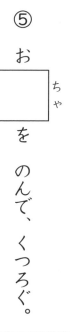

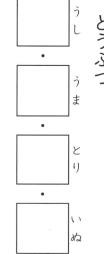

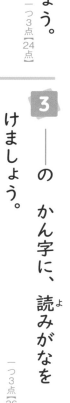

国語 7

かん字を 書《か》こう 読《よ》もう ④

もくひょう時間《じかん》 15分《ふん》

名前

学習《がくしゅう》した日　月　日

とく点

100点 まん点

答《こた》え ▶89ページ

1 □に かん字を 書《か》きましょう。 一つ3点【33点】

① □《の》□《はら》の 先に □《たに》が あるので、きけんだ。

② □《まえ》と □《うし》ろの □《いわ》を どける。

③ □《うみ》で □《ほし》を 見る。

④ はこの □《そと》がわと □《うち》がわ。

⑤ 大きな □《いけ》が ある 土□《ち》。

2 ——の ことばを、かん字と おくりがなで 書きましょう。 一つ5点【15点】

① 毎朝《まいあさ》、はしる。（　　）

② 犬と あるく。（　　）

③ ごはんを たべる。（　　）

3 ——の かん字に、読《よ》みがなを つけましょう。 一つ4点【40点】

① 古くて りっぱな 刀。

② 新しい 弓矢を つかう。

③ 点線に そって 紙を おる。

④ 丸い 顔《かお》の 人形を もらう。

⑤ 絵の 牛《うし》に 角を つける。

4 ——の かん字に、読みがなを つけましょう。 一つ3点【12点】

① ア 記す　イ 日記

② ア 遠い 国《くに》。　イ 遠近

国語 8

かくにんテスト①

もくひょう時間《じかん》 15分《ふん》

名《な》前《まえ》

学習《がくしゅう》した日　月　日

とく点《てん》

100点 まん点

答《こた》え ▶89ページ

1 お話《はなし》を 読《よ》んで、答《こた》えましょう。【40点】

子ねずみを 食《た》べる つもりの ねこに、何《なに》も 知《し》らない 子ねずみは、子どもの 数《かず》を たずねました。ももを おみやげに する ためです。

「へー 何《なん》びき？」
「四ひきだ。」
ねこが そう 言《い》うと、
「四ひきも いるなら 一つじゃ足《た》りないよね。ぼくの あげる。」
「ぼくのも あげるよ。」
「ぼくの ももも。」
「うーん。」
ねこは 大きな ためいきを 一つ つきました。
ねこは ももを かかえて 歩《ある》きだしました。

〈宮西 達也「にゃーご」〈すずき出版〉より〉

① ぼくの あげる。と ありますが、何を あげる つもりなのですか。（15点）

（　　　　　　）

② 大きな ためいきを ねこが ついたのは、なぜですか。記《き》ごうを ○で かこみましょう。（10点）

ア おなかが いっぱいで、子ねずみを 食べられなくて くやしいから。
イ 食べようと 思《おも》って いた 子ねずみに、親切《しんせつ》に されたから。
ウ 本当《ほんとう》は ももは きらいなので、ほしく ないと 思ったから。

③ 大きな ためいきを ついた 後《あと》、ねこは、どう しましたか。（15点）

（　　　　　　）

2 正しい 書《か》き方《かた》に なるように、□に 丸《まる》（。）か 点《てん》（、）か かぎ（「 」）を つけましょう。一つ6点【30点】

ろう下を そうじして いる
と□ 先生に□
□きれいに なったね。□
と ほめられました□

3 □に かん字を 書きましょう。一つ6点【30点】

① □《はは》□《おや》と □《かお》立《だ》ちが にて いる 子ども。

② □《き》色《いろ》い □《とり》の □《はね》を ひろう。

国語 9

じゅんじょよく読《よ》みとろう①

もくひょう時間《じかん》 15分《ふん》

名前《なまえ》

学習《がくしゅう》した日　月　日

とく点《てん》

100点 まん点

答《こた》え ▶89ページ

文しょうを 読《よ》んで、答《こた》えましょう。【100点】

白くまは、北《ほっ》きょくと いう、とても さむい ところに すんで います。

秋《あき》の おわりごろ、おかあさん白くまは、つもった 雪《ゆき》を ほって 大きな すを 作《つく》り、*冬《ふゆ》ごもりを します。

冬の 間《あいだ》に、おかあさんは、すの 中で 赤ちゃんを ふつう 二頭《にとう》 うみます。おかあさんは、ねむった ままで 赤ちゃんに おちちを のませます。赤ちゃんは、すの 中で 大きく なり、子ぐまに なります。

春《はる》が 来《き》たら、おかあさんは 目を さまし、雪の 中の すから はい出して きます。子ぐまたちも、いっしょに すから 出て きます。そして、みんなで 海《うみ》の 方《ほう》に 食《た》べものを さがしに 行《い》きます。

おかあさんは、冬ごもりの 間、何《なに》も 食べて いないので、おなかが ぺこぺこです。海の こおりの 上で 休んで いる あざらしを 見つけると、そっと 近《ちか》づいて つかまえます。

（文・伊藤年一）

*冬ごもり…冬の 間、さむさを さけて すの 中に 入って、じっと して いる こと。

① 白くまは、どこに すんで いますか。四字で 書《か》きぬきましょう。（15点）

② おかあさん白くまは、雪を ほって 大きな すを 作り、何《なに》を しますか。（15点）

（　　　　）

③ 冬から 春に かけて、おかあさんが する じゅんに、番《ばん》ごうを 書きましょう。（一つ10点〈40点〉）

（　）赤ちゃんを うむ。

（　）目を さまして、すの 中から はい出す。

（　）赤ちゃんに おちちを のませる。

（　）食べものを さがしに 行く。

④ おかあさんの おなかが ぺこぺこなのは、なぜですか。（20点）

（　　　　）

⑤ おかあさんは、何を つかまえますか。（10点）

（　　　　）

じゅんじょよく 読《よ》みとろう②

もくひょう時間《じかん》 15分《ふん》

文しょうを 読《よ》んで、答《こた》えましょう。【100点】

おなかいっぱいに なった おかあさん白くまは、おちちを たくさん 出し、子ぐまたちは、その□を のんで、元気《げんき》いっぱいに なります。

秋《あき》の はじめに、おかあさんは、あざらしを たくさん 食《た》べます。子ぐまたちも、おかあさんから 分《わ》けて もらって、肉《にく》を 食べるように なります。おかあさんも 子ぐまたちも、冬《ふゆ》に そなえて 太《ふと》って いるのです。

秋の おわりごろには、小さかった 子ぐまたちは、ずいぶん 大きく なって きて います。おかあさんは、冬に そなえて 海《うみ》から はなれた りくの 方《ほう》に、三頭《さんとう》が 入れるような 大きな すを 作《つく》ります。そして、また、春《はる》まで すの 中で 冬ごもりを して すごすのです。

二年目の 春が 来《き》たら、おかあさんと 子ぐまたちは、すから 出て、いっしょに こおりの 上を あざらしを さがして 歩《ある》き回《まわ》ります。

（文・伊藤年一）

① □に 入る ことばを、文しょうの 中から さがして 書《か》きましょう。（15点）

（　　　　）

② 子ぐまたちが あざらしの 肉を 食べるように なるのは、いつですか。（15点）

（　　　　）

③ 冬に そなえてとは、どんな いみですか。記《き》ごうを ○で かこみましょう。（15点）

ア 冬を まって。

イ 冬が 来たら。

ウ 冬の じゅんびを して。

④ おかあさんと 子ぐまたちは、春まで 1どこで 2どのように すごしますか。（一つ20点）（40点）

1（　　　　）で。

2（　　　　）すごす。

⑤ 春が 来たら、おかあさんと 子ぐまたちは、いっしょに 何《なに》を さがしますか。（15点）

（　　　　）

名《な》前《まえ》

学習《がくしゅう》した日　月　日

とく点《てん》

100点 まん点

答《こた》え ▶89ページ

国語 11

かん字を 書《か》こう 読《よ》もう⑤

もくひょう時間《じかん》 15分《ふん》

名前《なまえ》

学習《がくしゅう》した日　月　日

とく点　100点 まん点

答《こた》え ▶89ページ

1

□に かん字を 書《か》きましょう。 一つ4点【32点】

① ゆみや □□ や かたな □ を もつ。

② えにっき □□□ を かく。

③ さんかくけい □□□ の つみ木。

④ ひゃくてん □□□ を とる。

⑤ まる □ い 風船《ふうせん》。

⑥ かみ □ に せん □ を 引《ひ》く。

2

はんたいの いみに なる ことばを、かん字と おくりがなで 書きましょう。 一つ4点【16点】

① ア とおい（　　）⇔ イ ちかい（　　）

② ア あたらしい（　　）⇔ イ ふるい（　　）

3

――の かん字に、読《よ》みがなを つけましょう。 一つ4点【40点】

① 太ようの えを 黄色に ぬる。

② 夜《よ》が 明ける。

③ 細かく かかれた 高い え。

④ 校長先生が 回答する。

⑤ 広い 道《みち》を 行ったり 来たり する。

4

――の かん字に、読みがなを つけましょう。 一つ3点【12点】

① ア 少し　イ 多少

② ア 弱い 風《かぜ》。　イ 強弱

国語 12

かん字を 書《か》こう 読《よ》もう⑥

もくひょう時間 15分

名《な》前《まえ》

学習《がくしゅう》した日 月 日

とく点《てん》

100点まんてん

1 □に かん字を 書《か》きましょう。

一つ4点【36点】

① 兄《あに》が □《こう》□《こう》へ □《い》く。

② □《なが》い 間《あいだ》、人が □《こ》ない。

③ □《こた》えを 書く。

④ □《ひろ》い 会場《かいじょう》を 見て □《まわ》る。

⑤ □《あか》るい □《いろ》の ふく。

2 はんたいの いみに なる ことばを、かん字と おくりがなで 書きましょう。

一つ3点【18点】

① ア つよい（　　　）⇔ イ よわい（　　　）

② ア おおい（　　　）⇔ イ すくない（　　　）

③ ア ふとい（　　　）⇔ イ ほそい（　　　）

3 ――の かん字に、読《よ》みがなを つけましょう。

一つ3点【30点】

① 朝食（　　）を 作《つく》る 時間（　　）。

② 午後（　　）には、家《いえ》に 帰（　　）る。

③ 昼（　　）に パンを 半分（　　）食《た》べる。

④ 今（　　）は、もう 夜（　　）だ。

⑤ 毎週（　　）すきな 曜日（　　）に、図書《としょ》かんへ いく。

4 ――の かん字に、読みがなを つけましょう。

一つ4点【16点】

① ア 教（　　）える　イ 教（　　）室《しつ》

② ア 通（　　）る　イ 通行（　　）

こたえ ▶89ページ

国語 13

かたかなの ことば／ようすを あらわす ことば

もくひょう時間《じかん》 15分《ふん》

名《な》前《まえ》

学習《がくしゅう》した日　月　日

とく点《てん》

100点 まん点

答《こた》え ▶90ページ

1 絵《え》の 中から、かたかなで 書《か》く ことばを 三つ さがして、かたかなで 書きましょう。 一つ8点【24点】

（　　　　）
（　　　　）
（　　　　）

2 〔　〕の かたかなの ことばを、①～④に 分《わ》けて、記《き》ごうを 書きましょう。 一つ4点【32点】

① どうぶつの 鳴《な》き声《ごえ》。 □・□

② いろいろな ものの 音。 □・□

③ 外国《がいこく》から 来《き》た ことば。 □・□

④ 外国の 国《くに》や 土地《とち》の 名前《なまえ》、人の 名前。 □・□

〔
ア ピヨピヨ　イ エジソン
ウ ペンギン　エ フランス
オ バス　カ ドンドン
キ ドボン　ク ニャーオ
〕

3 文に 合《あ》う ほうの ことばを、（　）で かこみましょう。 一つ5点【20点】

① かみなりが ｛コロコロ／ゴロゴロ｝ 鳴る。

② 花火が ｛ドーン／トーン｝ と あがる。

③ 金魚《きんぎょ》が ｛すいすい／もくもく｝ およぐ。

④ 風船《ふうせん》が ｛ぷかぷか／ふわふわ｝ とぶ。

4 つぎの 文に 合う ことばを、〔　〕から えらんで 書きましょう。 一つ8点【24点】

① まどガラスが （　　　　） と われる。

② 赤ちゃんが （　　　　） ねむる。

③ さむくて、体《からだ》が （　　　　） ふるえる。

〔
くるくる　ぶるぶる
ガチャン　きらきら
すやすや　ゴーン
〕

国語 14

かん字を 書《か》こう 読《よ》もう⑦

もくひょうじかん 15分《ふん》

名前《なまえ》

学習《がくしゅう》した日　月　日

とく点《てん》

100点 まん点

答《こた》え ▶90ページ

1 □に かん字を 書《か》きましょう。　一つ4点【28点】

① □□《どよう》の □□《ごご》。

② □□《まいあさ》、走《はし》る。

③ □□《こんしゅう》の よてい。

④ □《ひる》から □《よる》まで るすだ。

⑤ 二□□□《じかんはん》 かかる。

2 ―― の ことばを、かん字と おくりがなで 書きましょう。　一つ3点【12点】

① パンを わける。（　　）

② うちへ かえる。（　　）

③ 先生に おそわる。（　　）

④ 学校へ かよう。（　　）

3 ―― の かん字に、読《よ》みがなを つけましょう。　一つ4点【48点】

① 公園の すべり台で あそぶ。

② お寺の りっぱな 門。

③ 店の 戸を しめる。

④ 東から 西へ 通《とお》る 道。

⑤ 北から 南へ じゅん番に 町の 名前《なまえ》を 言《い》う。

4 ―― の かん字に、読みがなを つけましょう。　一つ3点【12点】

① ア 交ざる　イ 交さ点《てん》

② ア 家の 中。　イ 家ぞく

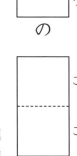

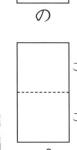

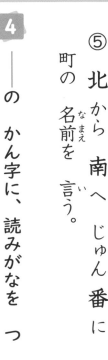

国語 15

かん字を 書《か》こう 読《よ》もう⑧

もくひょう時間 15分《ふん》

名《な》前《まえ》

学習《がくしゅう》した日　月　日

とく点《てん》

100点 まん点

答《こた》え ▶90ページ

1 □に かん字を 書《か》きましょう。 一つ4点【36点】

① □《みせ》で 買《か》う。

② □《いえ》の □《もん》を あける。

③ □《だい》どころの □《と》を しめる。

④ お□《てら》の 前《まえ》の □□《こうえん》。

⑤ □□《こうばん》で □《みち》を 聞《き》く。

2 □に 「方角《ほうがく》」の なかまの かん字を 書きましょう。 一つ4点【16点】

① □《ひがし》

② □《きた》

③ □《みなみ》

④ □《にし》

3 ——の かん字に、読《よ》みがなを つけましょう。 一つ3点【48点】

① 思（　）った ことを 言（　）う。

② 知（　）らない 場（　）しょへ 行《い》く。

③ 考（　）え方《かた》が 合（　）って いる。

④ ふえが 鳴（　）ったら、止（　）まる。

⑤ 当日（　）は、二人《ふたり》で 組（　）む。

⑥ ひもを 引（　）っぱって 切（　）る。

⑦ 歌手（　）が 歌《うた》い 直（　）す。

⑧ 時間（　）を 正しく 計（　）る。

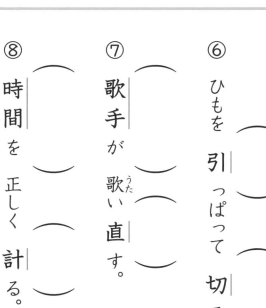

かくにんテスト②

もくひょう時間《じかん》 15分《ふん》

名前《なまえ》

学習《がくしゅう》した日　月　日

とく点《てん》

100点 まん点

答《こた》え ▶90ページ

1 文しょうを 読《よ》んで、答《こた》えましょう。 一つ10点【50点】

わたしたちの はは、はじめに にゅうしが 生え、せいちょうと ともに やがて、えいきゅうしに 生えかわります。

にゅうしは、生まれて 六か月ごろから 三さいごろまでに、上下 二十本が すべて 生えそろいます。

やがて、五、六さいくらいに なると、体《からだ》が 大きく なって きて、あごも 大きく なります。それに 合《あ》わせるように、にゅうしが ぬけ、大人《おとな》の はで ある えいきゅうしが 生えはじめます。

① はじめに 生える はは、1何《なん》と いう 名前《なまえ》で、2何本《なんぼん》 生えますか。

1（　　）　2（　　）

② 五、六さいくらいに なって 生え はじめる はの ことを、何と いい ますか。

（　　）

③ それに 合わせるとは、どう いう ことですか。

・体や（　　）が（　　）なるのに 合わせる と いう こと。

2 ①・②の ことばから、かたかなで 書《か》く ことばを 一つずつ さがして、かたかなで 書きましょう。 一つ10点【20点】

① しゃつ・くつした・うわぎ

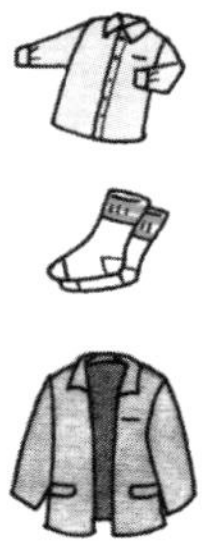

（　　）

② りんご・ばなな・ぶどう

（　　）

3 □に かん字を 書きましょう。 一つ5点【30点】

① □《あたら》しい □《にん》□《ぎょう》。

② □《おお》くの □《え》を ならべる。

③ □《とお》い 公園《こうえん》まで □《い》く。

国語 17

場《ば》めんの ようすを 読《よ》みとろう①

もくひょう時間《じかん》 15分《ふん》

名前《なまえ》

学習《がくしゅう》した日　月　日

とく点《てん》
100点 まん点

答《こた》え
▶90ページ

お話《はなし》を 読《よ》んで、答《こた》えましょう。【100点】

　とんと　むかし。
　それは　それは　まずしい　じいさまと　ばあさまが　おった。ふろなんぞ、めったに　入れんものだから、体中《からだじゅう》　こんび(あか)だらけで　あった。
　ある　日の　こと、じいさまが　言《い》った。
「わしらは、もう　年とって　しまったで、*わらしは　できん。せめて　おらたちの　こんびでも　おとして、それで　人形《にんぎょう》でも　*こさえるべや。」
　そこで　むりを　して、ふろを　わかして　入り、こんびを　とると、いや、出るわ、出るわ。きのこみたいに　ぼろん　ぼろん　とれた。
　二人《ふたり》は　それを　あつめて、小さな　人形を　作《つく》った。
　ばあさまは、目を　細《ほそ》めて、
「まっ黒《くろ》けじゃが、かわええ　わらしだ。こんびたろうと　名づけましょ。」
　そう　言うと、そうっと　*えじこへ　ねかせた。

*わらし…子ども。　*こさえるべや…作《つく》ろうか。
*えじこ…赤ちゃんを　入れて　おく　かご。

〈今江　祥智「ちからたろう」〈ポプラ社〉より〉

① ふろなんぞ、めったに　入れんと　ありますが、なぜ　入れないのですか。(20点)

（　　　　　　）

② じいさまが、人形を　作ろうと　言ったのは、なぜですか。(20点)

［　　　　　　］

③ 二人の　あかは、どのように　とれましたか。一つ15点(30点)

・まるで、（　　　）みたいに、（　　　）とれた。

④ 目を　細めてとは、どんな　顔《かお》つきを　あらわした　ことばですか。記《き》ごうを　○で　かこみましょう。(15点)

ア　ぎょっとした　顔つき。
イ　うれしそうな　顔つき。
ウ　ぐったりした　顔つき。

⑤ まっ黒けなのは、なぜですか。記ごうを　○で　かこみましょう。(15点)

ア　日やけして　しまったから。
イ　どろが　ついて　いたから。
ウ　あかで　作ったから。

場《ば》めんの ようすを 読《よ》みとろう②

もくひょう時間《じかん》 15分《ふん》

名前《なまえ》

学習《がくしゅう》した日　月　日

とく点《てん》

100点 まん点

お話《はなし》を 読《よ》んで、答《こた》えましょう。【100点】

［こんびたろうは、大きくなって、ちからたろうになった。］

さて、ちからたろうが 町を 目ざして、のっしじゃんが のっしじゃんが 行《い》くと、むこうから、道《みち》いっぱいに なるほどの、大きな みどうを かついで くる もんが おる。これじゃ 通《とお》れんと、ちからたろうが 金《かな》ぼうで みどうを つくと、どんがらりんと 音立てて こわれて しまった。

男は まっかに なり、

「やいやいやい、日本一の 力もち、みどうっこたろうを 知《し》らんのか。」

と わめいて、ちからたろうの 金ぼうを ぐいと つかまえた。ちからたろうは それには こたえず、金ぼうを ふり回《まわ》すと、みどうっこたろうは 空高《そらたか》く はねとばされて いった。

そのまま まっても まっても おちて こん。ずいぶんと たって、やっと 小さな 声《こえ》で、

「たすけて くれよう。」

と、言《い》うのが 聞《き》こえた。

あっちこっち 見回すと、やれやれ、そこらで いちばん 高い まつの 木の、てっぺんに 引《ひ》っかかって おったわ。

（今江 祥智「ちからたろう」〈ポプラ社〉より）

① 大きな みどうを かついで くる もんとは、だれでしたか。（15点）

（　　　　）

② ちからたろうが 金ぼうで みどうを ついたのは、なぜですか。記《き》ごうを ○で かこみましょう。（20点）

ア 道を 通るのに じゃまだったから。

イ みどうを 手に 入れたかったから。

ウ 力もちを 自《じ》まんしたかったから。

③ まっかに なりとは、どんな ようすを あらわして いますか。記ごうを ○で かこみましょう。（15点）

ア はずかしがって いる ようす。

イ おこった ようす。

ウ あわてた ようす。

④ そのままとは、どんな ままですか。（20点）

（　　　　）

⑤ 「たすけて くれよう。」と 言う 声が 小さく 聞こえたのは、なぜですか。（一つ15点）（30点）

・みどうっこたろうが、その あたりで

（　　　　）に

（　　　　）から。

答《こた》え ▶90ページ

国語 19

かん字を 書《か》こう 読もう⑨

もくひょう時間《じかん》 15分《ふん》

名前《なまえ》

学習《がくしゅう》した日　月　日

とく点《てん》

100点 まん点

答《こた》え ▶91ページ

1 □に かん字を 書《か》きましょう。　一つ4点【40点】

① かねが □《な》る □《ば》しょ。

② □□《あかぐみ》が つなを □《ひ》く。

③ □《し》らない □《うた》。

④ □□《ごうけい》した 数《かず》を □《い》う。

⑤ □□《ちょくせん》に そって □《き》る。

2 ——の ことばを、かん字と おくりがなで 書きましょう。　一つ2点【8点】

① よく かんがえる。（　　）

② くじが あたる。（　　）

③ 車を とめる。（　　）

④ ふと おもう。（　　）

3 ——の かん字に、よみがなを つけましょう。　一つ4点【44点】

① 元気（　）の よい 声（　）を 聞（　）く。

② 東京（　）から 里帰（　）りする。

③ 教室（　）に 明《あか》るい 光（　）が さす。

④ 市内（　）では、ピアノの 天才（　） と いわれて いた。

⑤ 心（　）の 内《うち》を 話（　）す。

4 ——の かん字に、よみがなを つけましょう。　一つ2点【8点】

① ア 読（　）む　イ 読書（　）

② ア 売（　）る　イ 売買（　）

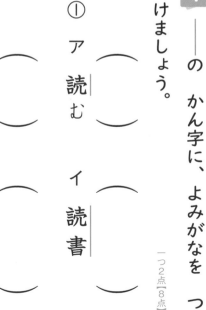

かん字を 書《か》こう 読《よ》もう⑩

もくひょう時間《じかん》 15分《ぷん》

名前《なまえ》

学習《がくしゅう》した日　月　日

とく点《てん》

100点 まん点

1 □に かん字を 書《か》きましょう。

一つ4点【48点】

① 体《からだ》も □《こころ》も □□《げんき》だ。

② □□《しつない》で □□《どくしょ》する。

③ □□《いちば》で 魚《さかな》を □《う》る。

④ □□《やまざと》の 土《と》地《ち》を □《か》う。

⑤ 小さな □《こえ》が □《き》こえる。

⑥ □□《とうきょう》に、絵《え》の 天□《さい》が やって くる。

2 ——の ことばを、かん字と おくりがなで 書きましょう。

一つ4点【8点】

① 星《ほし》が ひかる。（　　）

② 友《とも》だちと はなす。（　　）

3 ——の かん字に、読《よ》みがなを つけましょう。

一つ4点【24点】

① 体（　　）そうを する。

② 算数（　　）が とくいだ。

③ 図画工作（　　）の 時《じ》間《かん》。

④ 三年生で、理科（　　）と 社会（　　）の べん強《きょう》が はじまる。

⑤ 生活（　　）の ちえを 母《はは》から 教《おそ》わる。

4 ——の かん字に、読みがなを つけましょう。

一つ5点【20点】

① ア 楽（　　）しい　イ 音楽（　　）

② ア 語（　　）る　イ 国語（　　）

答《こた》え ▶91ページ

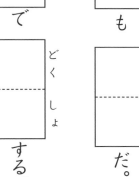

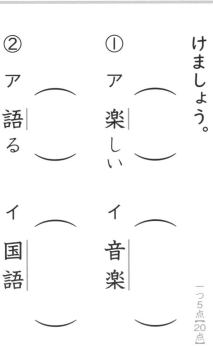

国語 21

主語《しゅご》と 述語《じゅつご》／たとえ／にた いみの ことば

もくひょう時間《じかん》 15分《ふん》

名前《なまえ》

学習《がくしゅう》した日　月　日

とく点《てん》

100点 まん点

答《こた》え ▶91ページ

1 つぎの 文は、ア〜ウの どの 形《かたち》に あたりますか。記《き》ごうを 書《か》きましょう。 一つ6点【18点】

① ぼくは 二年生だ。 □

② ぼくが 走《はし》る。 □

③ ぼくは 元気《げんき》だ。 □

ア だれが（は） どう する。

イ だれが（は） どんなだ。

ウ だれが（は） なんだ。

2 つぎの 文の 主語《しゅご》には ――線《せん》を、述語《じゅつご》には 〰〰線を 引《ひ》きましょう。 一つ5点【40点】

① 風《かぜ》が、ビュービュー ふく。

② 妹《いもうと》は 五さいだ。

③ わたしが、ピアノを ひく。

④ 先生は、とても やさしい。

・主語…「何《なに》が（は）・だれが（は）」に あたる ことば。

・述語…「どう する・どんなだ・なんだ」に あたる ことば。

3 たとえる 言《い》い方《かた》に なるように、（　）に 合《あ》う ことばを〔　〕から えらんで 書きましょう。 一つ6点【18点】

① （　　）のように 大きい 口。

② （　　）のように つめたい 手。

③ （　　）のように かたい せんべい。

〔石　かば　星《ほし》　山　ねこ　こおり〕

4 つぎの ▢の ことばと、にた いみの ことばを、〔　〕から えらんで 記ごうを 書きましょう。 一つ8点【24点】

① おいしい ケーキ。 □

② きれいな 花。 □

③ 楽《たの》しい 話《はなし》。 □

〔ア おもしろい　イ うつくしい　ウ おとなしい　エ うまい〕

かん字を 書《か》こう 読《よ》もう⑪

もくひょう時間 15分《ふん》

名前《なまえ》

学習《がくしゅう》した日　月　日

とく点《てん》

100点 まん点

答《こた》え ▶91ページ

1 □に かん字を 書《か》きましょう。　一つ4点【36点】

① となりの □《くに》 の □□《がか》 。

② □□《だいく》 さんが □《からだ》 を きたえる。

③ □□《りか》 の じっけん。

④ □□《さんすう》 と □□《せいかつ》 。

⑤ □□《かいしゃ》 で □□《ちず》 を つくる。

2 ——の ことばを、かん字と おくりがなで 書きましょう。　一つ4点【12点】

① パンを つくる。（　　）

② 二人《ふたり》で かたる。（　　）

③ たのしい 話《はなし》。（　　）

3 ——の かん字に、読《よ》みがなを つけましょう。　一つ4点【32点】

① 汽車に のる。

② 今《いま》、何時ですか。

③ 友だちに 電話を かける。

④ 一万円で 新《あたら》しい 自てん車を 買《か》う。

⑤ 同時に、二つの 用を すませる。

4 ——の かん字に、読みがなを つけましょう。　一つ5点【20点】

① ア やり方　イ 方角

② ア 船たび　イ 風船

国語 23

かん字を 書《か》こう 読《よ》もう ⑫

もくひょう時間《じかん》 15分《ふん》

名前《なまえ》

学習《がくしゅう》した日 月 日

とく点

100点まん点

答《こた》え ▶91ページ

1 □に かん字を 書《か》きましょう。

一つ4点【32点】

① □《しん》□《ゆう》と あそぶ。

② □《でん》□《ち》を 入れる。

③ 一□《まん》人が のる □《ふね》。

④ □《き》□《しゃ》で たびを する。

⑤ 今日《きょう》は、□《なに》も □《よう》が ない 日だ。

⑥ □《ち》□《ほう》の まつり。

2 ——の ことばを、かん字と おくりがなで 書きましょう。

一つ4点【8点】

① おなじ たん生日。（　　）

② みずから 話《はな》す。（　　）

3 ——の かん字には 読《よ》みがなを、□には かん字を 書きましょう。

一つ3点【60点】

① 毎週（　　）、土□《よう》日に、□《ちち》と つりに 行《い》く。

② □《こう》□《えん》の よこに 交番（　　）が ある。

③ 知（　　）り □《あ》いに □《あ》う。

④ 野原（　　）を □《うま》や □《うし》が、歩（　　）き □《まわ》る。

⑤ □《かみ》に 点線（　　）を □《ひ》く。

⑥ 細長（　　）い 木が、□《つよ》い □《かぜ》や 雨（　　）に うたれる。

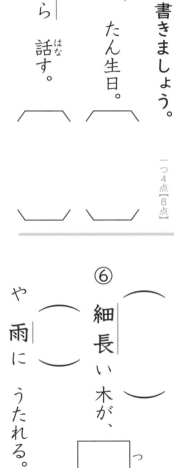

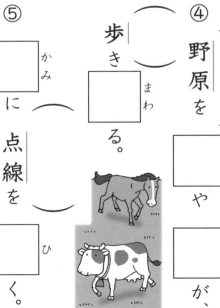

国語

24 かくにんテスト③

もくひょう時間《じかん》 15分《ふん》

名前《なまえ》

学習《がくしゅう》した日　月　日

とく点《てん》

100点 まん点

答《こた》え ▶91ページ

1 お話《はなし》を 読《よ》んで、答《こた》えましょう。【40点】

〔ちからたろうは、*大入道《おおにゅうどう》に 立ちむかった。〕

金《かな》ぼうを ぶるんぶるん ふり回《まわ》して かかって いったが、大入道は 金ぼうを つまみ、あめみたいに ふにゃんと まげて しまった。

「ほだら、とっ組《く》み合《あ》いで こう。」

二人《ふたり》は、えんさ わんさと さんざん もみおうたが、かちまけが つかない。それどころか、どうか すると、ちからたろうの ほうが あぶない。

これじゃ いかんと 思《おも》った ちからたろうは、いきなり 下から あい手を ぐわんと けり上げた。

*大入道…大きな ぼうず頭《あたま》の ばけもの。

〈今江 祥智「ちからたろう」〈ポプラ社〉より〉

① 大入道が、金ぼうを まげる ようすを たとえた ことばを、六字で 書《か》きぬきましょう。（10点）

□□□□□□

② ちからたろうが、これじゃ いかんと 思ったのは、なぜですか。一つ10点（20点）

・（　　　）が 強《つよ》くて、自分《じぶん》が（　　　）しまいそうだから。

③ これじゃ いかんと 思った ちからたろうは、どう しましたか。（10点）

〔　　　〕

2 （　）に 合う ことばを〔　〕から えらんで、正しい 文に しましょう。一つ10点【30点】

① （　　　）のように 白い はだ。

② （　　　）のように 大きな 手。

③ あの 子の ほおは、（　　　）のように 赤い。

〔 グローブ　りんご　雪《ゆき》 〕

3 □に かん字を 書きましょう。一つ6点【30点】

① □《さと》いもを □《か》って きて、りょう□《り》する。

② □□《でんしゃ》と □□《きせん》。

全科プリント　小学2年
答えとアドバイス

★ まちがえた問題は，何度も練習してできるようにしましょう。

★ アドバイス も参考にして，お子さんに指導してあげてください。

算　数

1 ひょうと　グラフ　（2ページ）

1 ①6こ　②なし　③いちご　④かき　⑤3こ

2 ①

どうぶつ	さる	やぎ	いぬ	うさぎ	コアラ
数	5	4	7	8	3

②

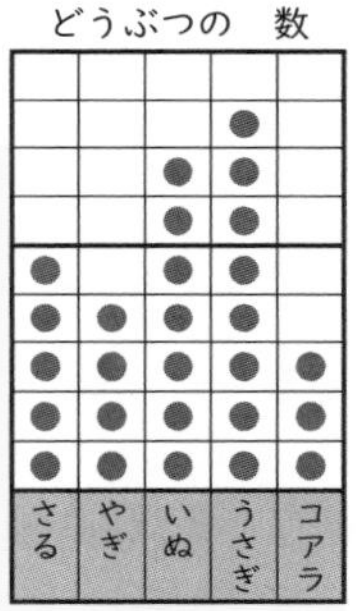

アドバイス **1**は，表とグラフの読み取りの問題です。①，②は表を，③～⑤はグラフを見ると答えやすいなど，表とグラフのそれぞれの特徴に気づかせてください。

2は表とグラフに表す問題です。表に表すときは，数え落としをしないように，絵に印をつけながら数えさせましょう。また，グラフは，●を下から順にかくようにします。

2 時《じ》こくと　時間《じかん》　（3ページ）

1 ①2時30分（2時半）　②9時20分
③10時10分

2 ①20分（間）　②4時間

3 ①24　②60　③1，20　④100

4 午前10時20分

5 40分（間）

アドバイス **4**は，午前10時40分の20分前の時刻を求めることになります。問題に午前や午後がある場合は，答えの時刻にも午前や午後をつけることに，注意させましょう。

3 2けたの　たし算《ざん》と　ひき算　（4ページ）

1 ①20　②50　③80　④33　⑤61　⑥95
⑦16　⑧38　⑨46　⑩71

2 ①14　②41　③78　④23　⑤56　⑥67
⑦44　⑧63　⑨92　⑩78

3 ①（しき）34+6=40　（答え）40本
②（しき）34−6=28　（答え）28本

4 （しき）75−4=71　（答え）71こ

アドバイス **1**の④～⑥，⑩は，次のように考えて計算するとよいです。（他の仕方もあります。）

④　29+4 → 29+1=30
（4を1と3に分ける：1　3）　30+3=33

2の④～⑥，⑩は，次のように考えて計算するとよいです。（他の仕方もあります。）

④　32−9 → 30−9=21
（32を30と2に分ける：30　2）　21+2=23

4は，式を「4−75=71」とまちがえる場合があります。ひき算の式は，大きい数から小さい数をひくように書くことを，正しく理解させましょう。

4 くり上がりの　ない　たし算《ざん》の　ひっ算　（5ページ）

1 ①56　②66　③97　④64　⑤78　⑥80
⑦45　⑧69　⑨76

2 ① $\begin{array}{r} 48\\ +31\\ \hline 79\end{array}$　② $\begin{array}{r} 35\\ +\ \ 3\\ \hline 38\end{array}$　③ $\begin{array}{r} 4\\ +80\\ \hline 84\end{array}$

3 ①○　②91　③28

4 （しき）37+52=89　（答え）89円

アドバイス **2**は，位を縦にそろえて書くことが大切です。特に②，③のようにけた数がちがう場合に気をつけさせましょう。

3の②は一の位の計算がまちがっています。③は同じ位を縦にそろえて書いていないため，まちがっています。

5 くり上がりの　ある　たし算《ざん》の　ひっ算　（6ページ）

1 ①53　②75　③60　④92　⑤60　⑥86
⑦41　⑧60　⑨83

2 ① $\begin{array}{r} 13\\ +48\\ \hline 61\end{array}$　② $\begin{array}{r} 49\\ +\ \ 7\\ \hline 56\end{array}$　③ $\begin{array}{r} 6\\ +68\\ \hline 74\end{array}$

3 ①（ひっ算） $\begin{array}{r} 43\\ +29\\ \hline 72\end{array}$　（たしかめ） $\begin{array}{r} 29\\ +43\\ \hline 72\end{array}$

②（ひっ算） $\begin{array}{r} 87\\ +\ \ 6\\ \hline 93\end{array}$　（たしかめ） $\begin{array}{r} 6\\ +87\\ \hline 93\end{array}$

4 （しき）28+37=65　（答え）65回

5 （しき）47+7=54　（答え）54人

アドバイス くり上がりのあるたし算では，くり上げた1を小さく書いて計算させましょう。

3の答えの確かめは，たされる数とたす数を入れかえて計算し，答えが同じになるかどうかで調べます。

6 くり下がりの　ない　ひき算《ざん》の　ひっ算　（7ページ）

1 ①52　②13　③43　④20　⑤66　⑥5
⑦45　⑧85　⑨50

2 ① $\begin{array}{r} 58\\ -13\\ \hline 45\end{array}$　② $\begin{array}{r} 68\\ -48\\ \hline 20\end{array}$　③ $\begin{array}{r} 79\\ -\ \ 3\\ \hline 76\end{array}$

3 ①30　②○　③60

4 （しき）78−35=43
（答え）ゆうきさんが　43まい　多い。

アドバイス 「7−7」や「6−0」のような，0の計算に気をつけさせましょう。

1の⑥の十の位の計算の答えは0になります。この0を書いていたら，この0は必要ないことに気づかせましょう。

4は，「○○さんが　△まい　多い。」と答えることに注意させましょう。

7 くり下がりの　ある　ひき算《さん》の　ひっ算 (8ページ)

1 ①24　②66　③38　④23　⑤7　⑥7
⑦35　⑧79　⑨86

2 ① $\begin{array}{r} 83 \\ -46 \\ \hline 37 \end{array}$　② $\begin{array}{r} 60 \\ -52 \\ \hline 8 \end{array}$　③ $\begin{array}{r} 71 \\ -4 \\ \hline 67 \end{array}$

3 ①（ひっ算）$\begin{array}{r} 67 \\ -39 \\ \hline 28 \end{array}$　（たしかめ）$\begin{array}{r} 28 \\ +39 \\ \hline 67 \end{array}$

②（ひっ算）$\begin{array}{r} 84 \\ -8 \\ \hline 76 \end{array}$　（たしかめ）$\begin{array}{r} 76 \\ +8 \\ \hline 84 \end{array}$

4 （しき）40－6＝34　（答え）34こ

5 （しき）64－29＝35　（答え）35ページ

アドバイス くり下がりのあるひき算では，右のように，くり下げたあとの数を小さく書いて計算すると，くり下げたことを忘れるミスが防げます。

$\begin{array}{r} {\scriptstyle 4} \\ \not{5}3 \\ -29 \\ \hline 24 \end{array}$

3の答えの確かめは，ひき算の答えにひく数をたして，答えがひかれる数になるかどうかで調べます。また，ひく数にひき算の答えをたして確かめても正解です。

8 かくにんテスト① (9ページ)

1 ①6時40分　②8時10分

2 ①

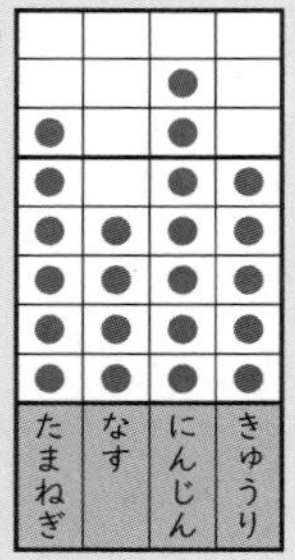

②なす

3 ①40　②66　③48　④83

4 ①69　②83　③30　④77

5 ①（ひっ算）$\begin{array}{r} 16 \\ +69 \\ \hline 85 \end{array}$　（たしかめ）$\begin{array}{r} 69 \\ +16 \\ \hline 85 \end{array}$

②（ひっ算）$\begin{array}{r} 73 \\ -4 \\ \hline 69 \end{array}$　（たしかめ）$\begin{array}{r} 69 \\ +4 \\ \hline 73 \end{array}$

6 ①（しき）38＋48＝86　（答え）86円
②（しき）48－38＝10　（答え）10円

アドバイス **1**の②は，7時40分の20分後の時刻が8時で，その10分後の時刻が求める時刻です。

5の②の答えの確かめは，4＋69で計算しても正解です。

9 長《なが》さ (10ページ)

1 ㋐5mm　㋑5cm　㋒7cm8mm　㋓10cm3mm

2 ①7cm5mm　②75mm

3 （○でかこむもの）①2cm　②10cm　③76mm

4 正しい長さになっているか，ものさしではかって確かめましょう。

5 ①（しき）9cm6mm＋7cm＝16cm6mm
（答え）16cm6mm
②（しき）9cm6mm－7cm＝2cm6mm
（答え）2cm6mm

アドバイス **1**の㋑は50mm，㋒は78mm，㋓は103mmでも正解です。

2の②と**3**は，1cm＝10mmの関係をもとに考えます。

10 100より　大きい　数《かず》の　しくみ (11ページ)

1 ①235　②403　③350　④600

2 ①582　②807

3 ①458　②720　③10　④905

4 ①260　②64こ

アドバイス 10のたば（十の位）や1（一の位）が1つもないときの数字の書き方に注意させましょう。

11 100より　大きい　数《かず》の　大きさ (12ページ)

1 ①㋐500　㋑760　②㋐598　㋑601
③㋐895　㋑920

2 ①900，1000　②500，650　③660，700

3 ①400　②499　③990

4 ①>　②<　③<　④>

5 453，435，354

アドバイス **1**は1目盛りの大きさを，**2**はいくつずつ大きくなっているかを，まず考えるようにします。

4の>や<は，数の大きいほうが開いているように書くことに注意させましょう。

12 100より　大きい　数《かず》の　計算《けいさん》 (13ページ)

1 ①120　②110　③140　④110　⑤160
⑥120　⑦130　⑧150　⑨140　⑩180

2 ①30　②50　③90　④60　⑤70　⑥80
⑦40　⑧60　⑨90　⑩80

3 （しき）90＋60＝150　（答え）150円

4 （しき）150－70＝80　（答え）80こ

5 ①700　②1000　③200　④700　⑤520
⑥807　⑦700　⑧400

アドバイス **1**，**2**は，10が何個かを考えて，次のように計算します。

1の①　80＋40 → 10が(8＋4)個で12個
→ 10が12個で120

2の①　120－90 → 10が(12－9)個で3個
→ 10が3個で30

5の①～④は，100が何個かを考えれば，**1**や**2**と同じように計算できます。⑤～⑧は，3けたの数のしくみをもとにして計算します。

⑤　500＋20 → 500と20を合わせた数は520
⑦　780－80 → 780は700と80
80をとると，残りは700

13 水の　かさ　(14ページ)

1 ①5dL　②3L　③1L4dL　④2L8dL
2 ①50mL　②170mL
3 ①10　②23　③4，9　④1000　⑤500
4 ①（しき）1L4dL＋4dL＝1L8dL
（答え）1L8dL
②（しき）1L4dL－4dL＝1L　（答え）1L

アドバイス 1の④は，1Lを10等分した1つ分が1dLなので，1Lますの1目盛りは1dLです。
2は，1dL＝100mLより，1dLますの1目盛りは10mLであることから読み取ります。

14 計算《けいさん》の　じゅんじょ　(15ページ)

1 ①36，39　②30，39
2 ①15，20　②16，40　③30，48　④50，86
3 ①29　②36　③39　④45　⑤67　⑥65
⑦59　⑧88
4 （しき）8＋16＋4＝28　（答え）28人

アドバイス 3は，何十ができるように，たす順序を工夫して計算します。
4の式は，(8＋16)＋4＝28や，8＋(16＋4)＝28や2つの式に分けてあっても正解です。

15 たし算《ざん》の　ひっ算　(16ページ)

1 ①146　②124　③105　④126　⑤113
⑥160　⑦102　⑧100　⑨105
2 ① $\begin{array}{r} 72 \\ +\ 76 \\ \hline 148 \end{array}$　② $\begin{array}{r} 98 \\ +\ 15 \\ \hline 113 \end{array}$　③ $\begin{array}{r} 94 \\ +\ \ 6 \\ \hline 100 \end{array}$
3 ①128　②○　③117
4 （しき）65＋54＝119
（答え）119ページ
5 （しき）88＋47＝135　（答え）135円

アドバイス これまでのたし算の筆算と同じく，くり上げた1を小さく書いて計算させましょう。
3の①は，一の位の計算でくり上がりがないのに，十の位へ1くり上げて計算してしまっています。実際にこのようなミスは多いので，注意させましょう。

16 ひき算《ざん》の　ひっ算　(17ページ)

1 ①42　②80　③86　④66　⑤99　⑥73
⑦65　⑧35　⑨99
2 ① $\begin{array}{r} 142 \\ -\ \ 82 \\ \hline 60 \end{array}$　② $\begin{array}{r} 121 \\ -\ \ 78 \\ \hline 43 \end{array}$　③ $\begin{array}{r} 106 \\ -\ \ \ 8 \\ \hline 98 \end{array}$
3 ①○　②69　③59
4 （しき）120－85＝35　（答え）35円
5 （しき）115－46＝69　（答え）69ひき

アドバイス これまでのひき算の筆算と同じく，くり下げたあとの数を小さく書いて計算させましょう。

17 たし算《ざん》と　ひき算の　ひっ算①　(18ページ)

1 ①82　②128　③130
2 ①357　②570　③285　④672　⑤450
⑥766　⑦264　⑧423　⑨727　⑩308
⑪637　⑫807
3 ① $\begin{array}{r} 367 \\ +\ \ 24 \\ \hline 391 \end{array}$　② $\begin{array}{r} 6 \\ +\ 958 \\ \hline 964 \end{array}$　③ $\begin{array}{r} 743 \\ -\ \ \ 8 \\ \hline 735 \end{array}$
4 （しき）327＋53＝380　（答え）380円
5 （しき）172－44＝128　（答え）128こ

アドバイス 1の3つの数のたし算の筆算も，一の位，十の位と順に計算します。③では，一の位の計算で2くり上がります。小さく2と書いて，十の位の計算をさせましょう。
2は，けた数が増えていますが，これまでの筆算と同じように計算できます。

18 たし算《ざん》と　ひき算の　ひっ算②　(19ページ)

1 ①137　②136　③100　④44　⑤69　⑥46
2 ① $\begin{array}{r} 40 \\ +\ 66 \\ \hline 106 \end{array}$　② $\begin{array}{r} 38 \\ +\ 86 \\ \hline 124 \end{array}$　③ $\begin{array}{r} 7 \\ +\ 98 \\ \hline 105 \end{array}$
④ $\begin{array}{r} 134 \\ -\ \ 84 \\ \hline 50 \end{array}$　⑤ $\begin{array}{r} 113 \\ -\ \ 15 \\ \hline 98 \end{array}$　⑥ $\begin{array}{r} 105 \\ -\ \ \ 9 \\ \hline 96 \end{array}$
3 ①（ひっ算） $\begin{array}{r} 65 \\ +\ 48 \\ \hline 113 \end{array}$　（たしかめ） $\begin{array}{r} 48 \\ +\ 65 \\ \hline 113 \end{array}$
②（ひっ算） $\begin{array}{r} 102 \\ -\ \ 69 \\ \hline 33 \end{array}$　（たしかめ） $\begin{array}{r} 33 \\ +\ 69 \\ \hline 102 \end{array}$
4 ①155　②477　③556
5 （しき）173－75＝98　（答え）98円

アドバイス 3の②の確かめは，69＋33で計算しても正解です。

19 かくにんテスト②　(20ページ)

1 7cm5mm，75mm
2 1L4dL，14dL
3 ①608　②490　③360
4 ①＞　②＝
5 ①46　②67
6 ①138　②164　③103　④60　⑤97　⑥58
7 （しき）65＋28＝93，120－93＝27
（答え）27円

アドバイス 1は，物差しを1cm左へずらしてはかっていることに注意させましょう。
4は，計算してから大小を比べます。
7の式は，「120－65－28＝27」や「120－（65＋28）＝27」でも正解です。

20 三角形《さんかくけい》と　四角形《しかくけい》　（21ページ）

1 4，3
2 ㋑
3 長方形…㋒，㋖　　正方形…㋐，㋓
4 ㋑，㋔
5

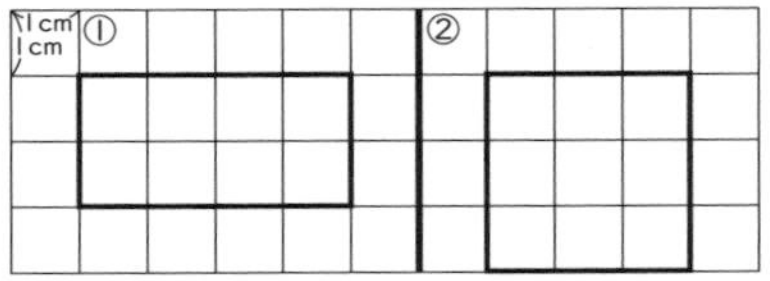

6 18cm

アドバイス **2**は，三角定規の直角のところを当てて調べます。
3は，「4つのかどがみんな直角になっている四角形が長方形」で，さらに「4つの辺の長さもみんな同じになっている四角形を正方形」といいます。
方眼紙は正方形でできているので，三角定規がなくても，長方形や正方形を見つけることができます。お子さんがまちがえたときは，方眼紙に三角定規を当てて，一緒に直角や辺の長さを再確認してあげてください。
4は，「直角のかどがある三角形を直角三角形」といいます。**3**と同じように方眼紙にかいてあるので㋑はすぐ見つけられますが，㋔は難しいので三角定規を当てて確認させてください。㋓は直角に近いので特に注意が必要です。
5は，かく位置は答えと同じでなくても，辺の長さと形が正しければ正解です。
6は，長方形の向かい合う辺の長さは同じであることから求められます。
3+6+3+6=18(cm)

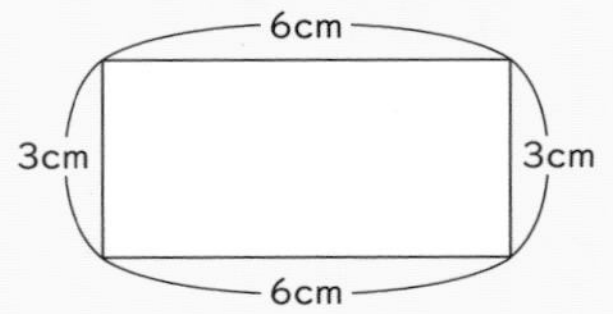

21 かけ算《ざん》九九①　（22ページ）

1 ①・―・2×4　②・―・4×3　③・―・4×2
2 ①6　②5　③15　④16　⑤45　⑥9
⑦14　⑧24　⑨18　⑩40　⑪18　⑫28
3 ①（しき）5×6=30　（答え）30こ
②（しき）3×4=12　（答え）12cm
4 （しき）4×9=36　（答え）36こ

アドバイス **1**の①は，1皿に2個ずつ4皿分なので2×4，③は，1皿に4個ずつ2皿分なので4×2です。かけ算の意味「1つ分の数×いくつ分」を，よく理解させましょう。
2は，2～5の段の九九です。九九はくり返し練習し，確実に唱えることができるようにさせましょう。

22 かけ算《ざん》九九②　（23ページ）

1 ①18　②40　③9　④3　⑤21　⑥36
⑦48　⑧42　⑨8　⑩28　⑪63　⑫24
2 ①（しき）6×5=30　（答え）30人
②（しき）8×4=32　（答え）32cm
3 ㋐×　㋑○
4 （しき）7×6=42　（答え）42円
5 （しき）6×8=48　（答え）48人

アドバイス **1**は，6～9，1の段の九九です。6～9の段は覚えにくく，まちがいも多くなります。この段階で，しっかり習得させましょう。
3で，㋐は「5匹の9つ分」になるので，「5×9」です。かけ算の式に表すときは，「1つ分の数×いくつ分」を常に意識して書くように注意させましょう。
5は，「6人の8つ分」なので，式は「6×8」です。「8×6」とまちがえていた場合は，何のいくつ分かをもう一度考えさせましょう。

23 かけ算《ざん》九九③　（24ページ）

1 ①12　②8　③6　④35　⑤27　⑥6
⑦54　⑧64　⑨49　⑩21　⑪36　⑫72
⑬56　⑭28
2 ①・―・㋒　②・―・㋓　③・―・㋐　④・―・㋑
3 （しき）4×8=32　（答え）32まい
4 ①（しき）6×9=54　（答え）54人
②60人
5 （しき）8×6=48　（答え）48cm

アドバイス **4**の②では，6×10を計算することになりますが，九九では求められません。「かける数が1ふえると，答えはかけられる数だけふえる」というきまりをもとに，6×9の答えの54に6をたして求めます。

24 九九の　ひょう①　（25ページ）

1 ①3×4
②㋐14　㋑16　㋒48　㋓42　㋔24　㋕63
2 ①5　②3
3 ①

かける数

かけられる数	1	2	3	4	5	6	7	8	9
2	2	4	6	8	10	12	14	16	18
5	5	10	15	20	25	30	35	40	45
	↓	↓	↓	↓	↓	↓	↓	↓	↓
	7	14	21	28	35	42	49	56	63

②7のだん

アドバイス **2**は，「かける数が1ふえると，答えはかけられる数だけふえる」というきまりをもとにして考えます。
3では，「2の段+5の段=(2+5)の段」となることを理解させます。また，「3の段+4の段=7の段」などのように，他の2つの段をたして，同じようになることを確かめさせるとよいです。

25 九九の　ひょう②　（26ページ）

1 ①2　②3　③9　④7

2 ①（しき）5×8＝40　（答え）40こ
②（しき）8×5＝40　（答え）40こ

3 ①1×8，8×1，2×4，4×2（順不同）
②4×9，9×4，6×6（順不同）

4 （しき）5×6＝30，2×3＝6，30－6＝24
（答え）24こ

5 ①50　②44　③33　④60　⑤100
⑥132

アドバイス **3**は，1×8＝8×1のように，かけ算のきまりを使うと効率よく見つけられます。

4は，5個の3つ分と3個の3つ分をあわせるなど，かけ算とたし算を使って求めてもよいです。

5は，かけ算のきまりを使って，次のようにいろいろな考え方で求められます。

②4×11

〔考え方❶〕　かける数が1増えると，答えはかけられる数の4ずつ増えることから求める。

4×9＝36
4×10＝40　（4）
4×11＝44　（4）

〔考え方❷〕　2つに分けて求める。

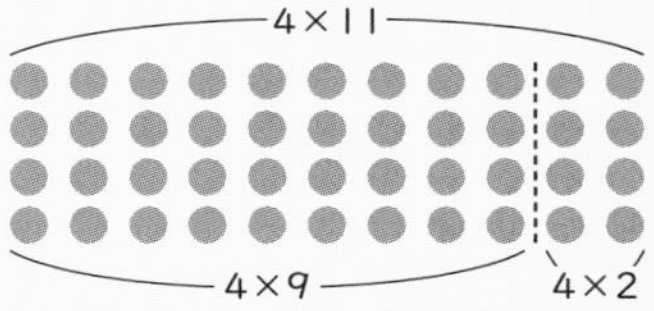

4×9＝36
4×2＝8
36＋8＝44

これは発展的な考え方です。

③11×3

〔考え方❶〕　11の3つ分と考えて，たし算で求める。

11＋11＋11＝33

〔考え方❷〕　11×3＝3×11として，②と同じようにして求める。

⑤，⑥も，②の考え方を使って求められます。

⑥12×11

〔考え方❶〕　12×9＝9×12で，②と同じようにして計算すると，9×12＝108だから，

12×9＝108
12×10＝120　（12）
12×11＝132　（12）

〔考え方❷〕　12×11は，12×9と12×2に分けられるから，

12×9 → 9×12＝108
12×2 → 2×12＝24
108＋24＝132

26 かくにんテスト③　（27ページ）

1 長方形…㋑，㋔　直角三角形…㋓，㋖

2 ①24　②48　③8　④9　⑤32　⑥24
⑦63　⑧45　⑨42

3 （しき）8×4＝32
（答え）32cm

4 ①8　②5

5 （しき）6×7＝42，4×3＝12，42－12＝30
（答え）30こ

6 （しき）4×6＝24
（答え）24わ

アドバイス **5**の式は何通りもあります。お子さんがどのような考え方で式をつくったのかを見てあげてください。

●全体から，ない数をひく

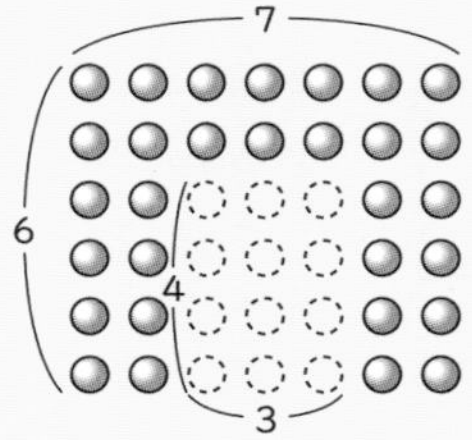

6×7＝42　4×3＝12
42－12＝30

●部分の数を全てたす

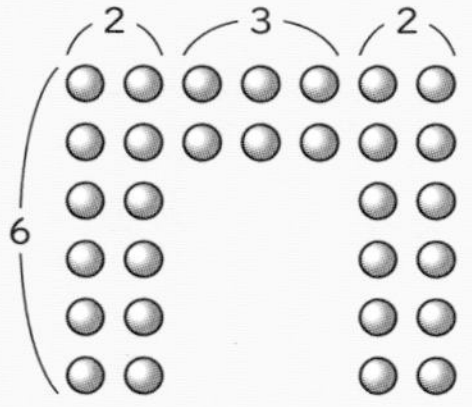

6×4＝24　2×3＝6
24＋6＝30

27 長《なが》い　長さ　（28ページ）

1 ①1m40cm　②2m10cm

2 ①100　②260　③3，80

3 ①＜　②＞　③＜

4 ①cm　②mm　③m

5 ①2m80cm　②1m70cm　③1m
④3m40cm　⑤4m20cm

アドバイス **5**は，長さの計算です。同じ単位どうしで計算するように習慣づけましょう。

①　2m＋80cmで，2と80をそのままたさないように気をつけさせてください。また，2m80cmと，左から大きい単位の順に書かせましょう。

③　1m70cm－70cmで，70cm－70cm＝0cmなので1mだけになることを理解させましょう。

28 1000より　大きい　数《かず》の　しくみ　（29ページ）

1 ①1315　②3060

2 ①5784　②7600　③6127　④9003

3 ①4579　②8024　③7，100

4 ①3000　②5400

5 ①40こ　②66こ

アドバイス けた数が大きくなると読みまちがいや書きまちがいが多くなります。そんなときは，簡単な位取り表を書いて，確実に理解するように習慣づけましょう。

特に，0個の場合は書き忘れに気をつけさせましょう。

千のくらい	百のくらい	十のくらい	一のくらい
1000が　□こ	100が　□こ	10が　□こ	1が　□こ

29 1000より　大きい　数《かず》の　大きさ（30ページ）

1 ①㋐5100　㋑7600　②㋐3000　㋑3300
③㋐7010　㋑7040

2 ①9000，10000　②8900，9300
③5010，5011

3 ①5000　②6999　③9990

4 ①<　②>　③>　④<

5 ①1100　②1500　③1400　④300
⑤800　⑥700

アドバイス **3**の①では，4000と990に分けて，990より10大きい数は1000だから，4000と1000を合わせて5000と，数を分けて考えるとよいです。
5は，100を単位として，次のように計算します。
①800＋300 → 100が(8＋3)個で11個
100が11個で1100
⑤1400－600 → 100が(14－6)個で8個
100が8個で800
⑥1100－400 → 100が(11－4)個で7個
100が7個で700

30 1000より　大きい　数《かず》（31ページ）

1 ①4920　②6038　③8201　④2006
⑤10000

2 ①5　②58こ　③200

3 ①8109，8113　②6100，6110

4 ①7，8，9（順不同）
②0，1，2，3（順不同）

5 ①9730　②3079

アドバイス **4**の①は，□が6の場合，②は，□が4の場合をもとに考えさせましょう。
5の②は，千の位に0を置くと，4けたの数にならないことに気をつけさせましょう。

31 たし算《ざん》と　ひき算①（32ページ）

1 （図）㋐12　㋑18
（しき）12＋18＝30
（答え）30こ

2 （しき）21－6＝15
（答え）15人

3 （しき）25＋37＝62
（答え）62本

4 （しき）23－14＝9
（答え）9人

5 （しき）84－27＝57
（答え）57こ

アドバイス **1**は，場面はひき算ですが，答えはたし算で求めます。**2**は，場面はたし算ですが，答えはひき算で求めます。このように，文章からはたし算とひき算のどちらで求めるのかわかりにくい問題です。テープ図を見て判断させましょう。

3
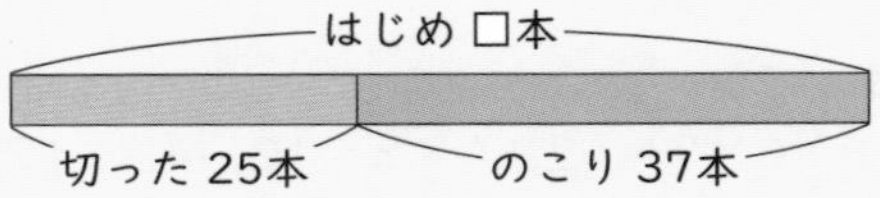

はじめの数＝25＋37（37＋25でも正解）

4
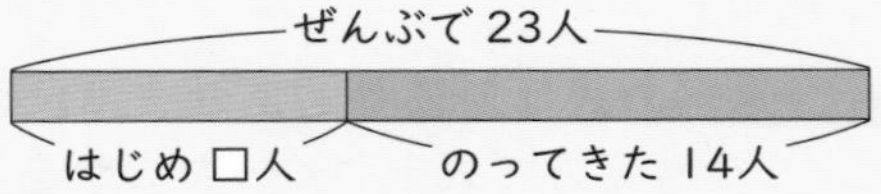

はじめの数＝23－14

5
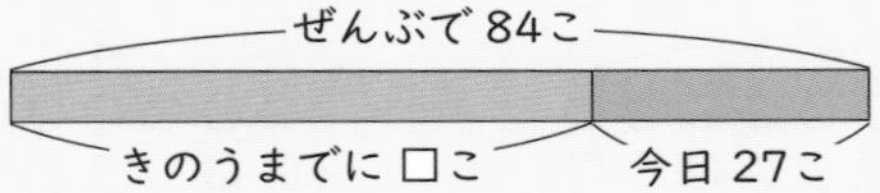

きのうまでの数＝84－27

32 たし算《ざん》と　ひき算②（33ページ）

1 （図）㋐24　㋑15
（しき）24－15＝9
（答え）9人

2 （しき）50－24＝26
（答え）26cm

3 （しき）43－35＝8
（答え）8ひき（8ぴき）

4 （しき）80－32＝48
（答え）48円

5 （しき）96－68＝28
（答え）28ページ

アドバイス 32ページと同様に，文章だけではたし算とひき算のどちらで求めたらよいか判断しにくい問題です。テープ図を使って考えさせましょう。

3
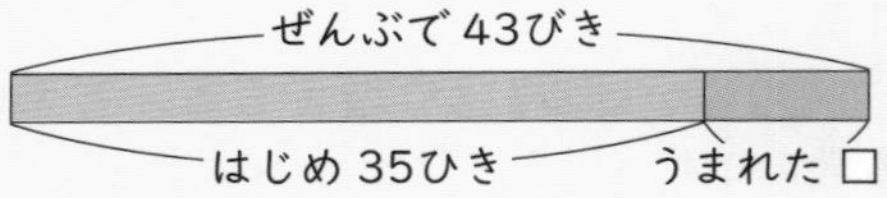

うまれた数＝43－35

4
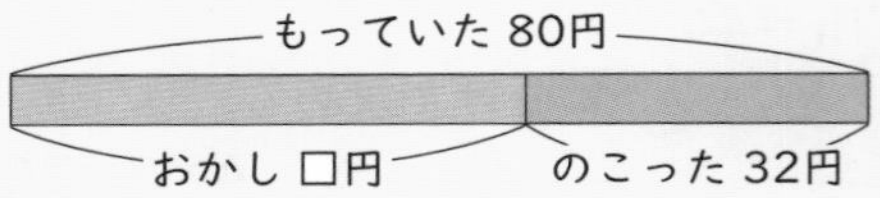

おかしのねだん＝80－32

5
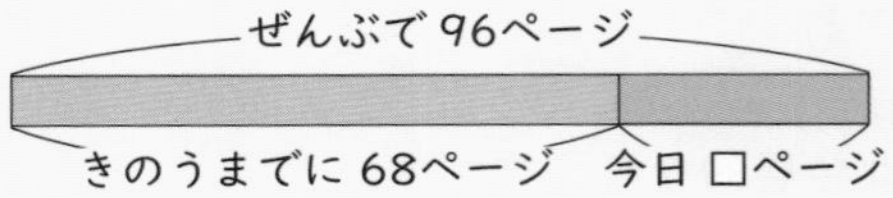

今日読んだページ数＝96－68

33 たし算《さん》と　ひき算③

（34ページ）

1 （図）㋐20　㋑8
（しき）20－8＝12
（答え）12人

2 （しき）42－6＝36
（答え）36回

3 （図）㋐37　㋑8
（しき）37＋8＝45
（答え）45こ

4 （しき）67＋15＝82
（答え）82cm

アドバイス 「多い」という言葉からたし算に，「少ない」という言葉からひき算にしてしまうまちがいの多い問題です。問題文をよく読み，2つの数の関係をテープ図に表してから，たし算とひき算のどちらで求めたらよいか考えさせましょう。また，答えを求めたら，問題に当てはめて，正しいかどうかを確かめさせるとよいでしょう。

2

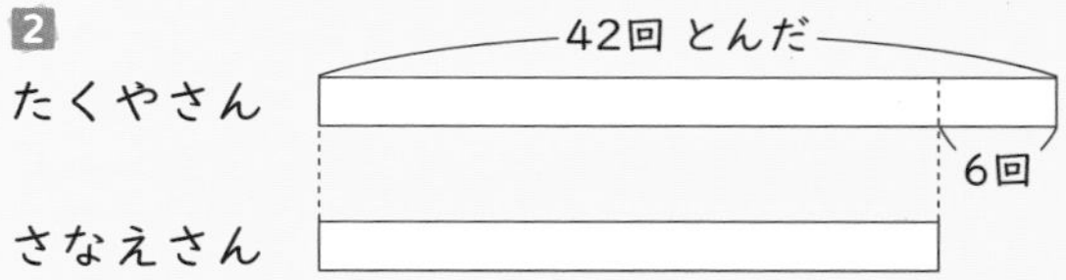

さなえさんのとんだ回数＝42－6

4

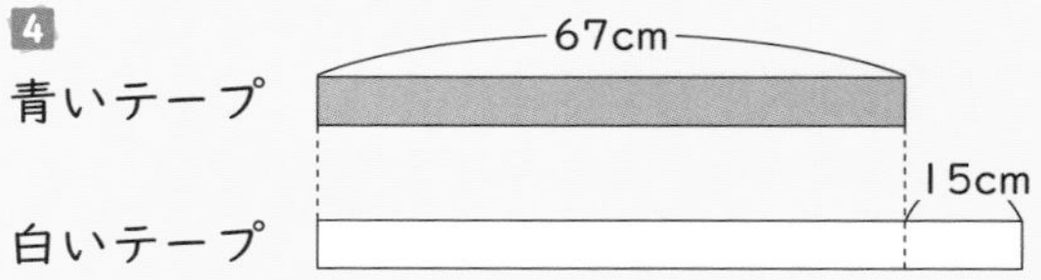

白いテープの長さ＝67＋15

34 分数《ぶんすう》

（35ページ）

1 ①㋑　②㋒

2 ㋒

3 ①

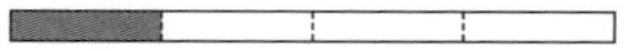

②

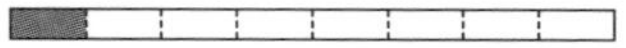

4 3まい

5 ① $\frac{1}{2}$　② $\frac{1}{4}$　③ $\frac{1}{4}$　④ $\frac{1}{8}$

アドバイス あるものを，同じ大きさに2つや4つに分けた1つ分を，もとの大きさの二分の一や四分の一といい，それぞれ $\frac{1}{2}$，$\frac{1}{4}$ と書くことをよく理解させましょう。分数は，ふつう，右のような順で書きます。

2㋑は4つに分けた1つ分だから $\frac{1}{4}$

㋒は4つに分けた2つ分，つまり2つに分けた1つ分だから，$\frac{1}{2}$ と同じことになります。

3は，それぞれ1区切り分がぬられていれば，答えと同じ位置でなくても正解ですが，ふつうは左をぬります。

43つに分けた1つ分が $\frac{1}{3}$ なので，逆に3つ合わせると元の大きさの長方形になります。

5②も③も同じ $\frac{1}{4}$ ですが，大きさは違います。これは，元の大きさが違うと同じ $\frac{1}{4}$ でも大きさが違うということです。

35 はこの　形《かたち》

（36ページ）

1 ①面…6つ　へん…12　ちょう点…8つ
②2つ　③4つずつ3組

2 ①12本　②8こ

3 ①×　②○

4 ①

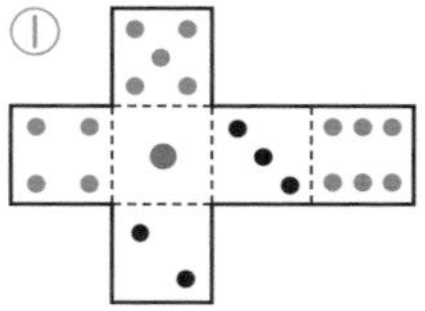

②

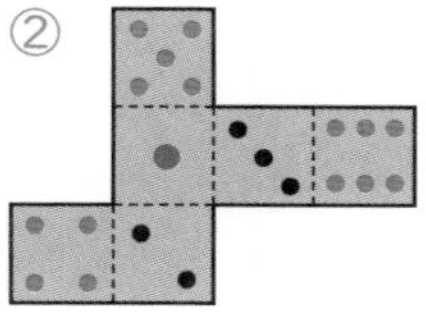

アドバイス **1**の③は，4cm，6cm，9cmの辺がそれぞれ4つずつあります。

3の①は，右の図のように，㋐と㋑の面が入れかわっているため，箱はできません。

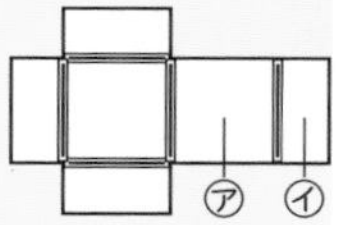

4で，6の目は，向きがちがっていても正解です。

36 かくにんテスト④

（37ページ）

1 ①3m35cm　②1m50cm

2 ①2035(まい)　②7306　③6300
④9900

3 （しき）38＋47＝85
（答え）85cm

4 4こ

5 ①4つ　②8つ

アドバイス **1**の②は，30cmを5回たして求めます。

3は，テープ図をかいて，たし算とひき算のどちらで求められるのか，考えさせましょう。

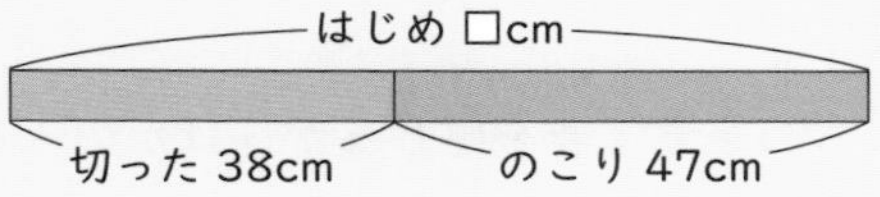

はじめの長さ＝38＋47（47＋38でも正解）

412個の $\frac{1}{3}$ は，下図のように，4個になります。

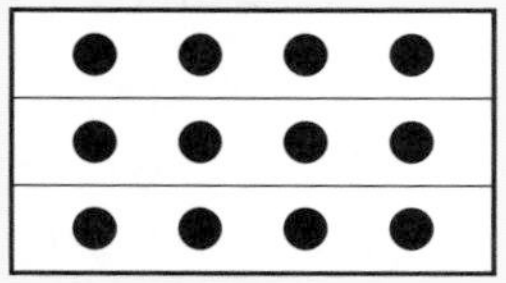

5の箱の形は，手前の面とそれと向かい合う面が1辺が6cmの正方形になっていることを読み取れるかどうかがポイントです。

生活

1 春《はる》を　見つけよう　(38ページ)

1 見つけた花に○をつけましょう。

アドバイス 問題に出ている花は，すべて春に見られます。フジやオオイヌノフグリなどの花も見られます。
　ほかにどんな花を見つけることができるか，探してみるとよいでしょう。

2 見つけた虫に○をつけましょう。

アドバイス 問題に出ている虫は，すべて春に見られます。ほかにどんな虫を見つけることができるか，探してみるとよいでしょう。
　家族といっしょに，近所の公園や野原に出かけてみるのもよいでしょう。春になると，見られる虫の種類や数が多くなります。

3 ①　㋐に○
　②　㋑に○

アドバイス 春が来て暖かくなると，外のようすが変わってきます。雪や氷がとけ，いろいろな花がさき始めます。
　どんなものを見て春を感じるか，ほかの人と話し合ってみましょう。

2 町を　たんけんしよう　(39ページ)

1 見つけたところに○をつけましょう。

アドバイス 学校で行った町探検で見つけたものの確認です。他にどんなところに行き，どんなものを見つけたのか，話し合ってみましょう。
　2年生の生活科では，校外に出て活動することが多くなります。交通ルールも確認しておきましょう。

2 あ，い，え，お，くに○

アドバイス 町を探検するときには，地図やぼうし，水筒を持っていきます。また，気づいたことや見たものを，デジタルカメラで記録しておくとよいでしょう。時計は時刻を知るために持っていると便利です。

3 ①　かくにんして
　②　たしかめる

アドバイス 町探検では，自分の住んでいる町のようすを知るとともに，探検を通して地域の人々とのかかわりをもつことができます。地域の人々に迷惑をかけず，安全に探検できるように，事前にしっかりルールを覚えておきましょう。

3 野《や》さいを　そだてよう　(40ページ)

1 あ　サツマイモ　い　ジャガイモ
　う　ミニトマト　え　ナス
　お　キュウリ

アドバイス 2年生の生活科では，よりよい環境で植物を育て，収かくをする活動を通して，植物に親しみをもつとともに，その成長をよく観察することが大切です。
　絵をもとに，野菜が実るようすを知ることで，自分も野菜を育ててみたいという意欲をもつことができるようになるでしょう。
　問題に出ている野菜の他に，ダイズ（えだまめ），トウモロコシなども，小学生が育てるのに向いています。

2 ①　あに○
　②　いに○
　③　あに○

アドバイス よりよい条件で育てるため，なえの植え方や世話のしかたを学びます。サツマイモのなえを土に植えたら，必ず水をやるようにします。

4 野《や》さいが　できたよ　(41ページ)

1 ①　㋑に○
　②　㋐に○
　③　㋐に○

アドバイス わきめをつまないと栄養分が分散するので，実が小さくなるなどの原因になります。

2 ①　1　う
　　2　あ
　　3　い
　②　あ　キュウリ
　　い　サツマイモ
　　う　ミニトマト

アドバイス 野菜を育てていくと，どんな実ができるのかわかるようになります。

5 いろいろな　店《みせ》　(42ページ)

1 行ったことのある店に○をつけましょう。

アドバイス 買い物に行った経験をふり返ることによって，地域の人々とのかかわりに気づくことができます。

2 ①　い　②　あ
3 ①　㋐　②　㋑

アドバイス 買いたい品物についての聞き方や，お金をはらうときのことばづかい，お店の人との接し方を，身につけましょう。

6 かくにんテスト①　(43ページ)

1 見つけたものに○をつけましょう。
2 左から順に，4，1，3，2

アドバイス 植物を育てる活動を通して，正しいなえの植え方や世話のしかたを考えることがねらいです。

3 ［知って　いる　人に　あいさつを　しなかった。］に×

アドバイス 道路の安全な歩き方や，知っている人へのあいさつのしかたを，しっかりと覚えましょう。また，お店の人との接し方も身につけましょう。

7 生きものを　見つけよう　（44ページ）

1 見たことのある生きものに○をつけましょう。

アドバイス 絵の中の生き物はすべて，水の中や水面で生きているものです。
　川や池での活動には，必ず大人がつきそうようにします。また，水の中に入るときは，流れや深みに気をつけましょう。

2 ①　モンシロチョウ
②　カエル
③　トンボ

アドバイス トンボのよう虫はやごです。わからなければ，図鑑やインターネットなどで調べてみましょう。

3 （あ）　カタツムリ
（い）　モンシロチョウ
（う）　バッタ

アドバイス バッタは野原で，ススキ（イネ科）などの草を食べます。

8 生きものを　かおう　（45ページ）

1 ①　㋑に○　②　㋐に○
③　㋑に○　④　㋐に○
⑤　㋑に○

アドバイス 生き物を育てることで，生き物に親しみをもたせるとともに，よりよい環境でかうことを考えられるようになることが大切です。
　ふつう，ザリガニをかうときは，体がかくれるくらいの水の量にします。水の量を多くするときは，エアポンプで空気を送ってやるようにします。底には，砂を入れておきましょう。
　また，ザリガニがかくれるところをつくったり，水草を植えたりするなどしましょう。ザリガニが逃げないように，ふたをつけておきましょう。

2 ①　㋓に○
②　食パン，金魚の　えさ

アドバイス おたまじゃくしは，子どもにとっては身近で，成長するようすがわかりやすい生き物です。おたまじゃくしが大きくなると，カエルになることをふまえ，カエルがどのようなところにいるかを話し合ってみましょう。
　おたまじゃくしは，ゆでたホウレンソウなども食べます。

9 夏《なつ》を　見つけよう　（46ページ）

1 草花―見つけたものに○をつけましょう。
くらし―見つけたものや，したことに○をつけましょう。
生きもの―見つけたものに○をつけましょう。
食べもの―見つけたものや，食べたものに○をつけましょう。

アドバイス 夏のようすを見つけることで，季節の変化に気づきます。見つけたものの名前を言ったり，見つけた場所を当てたりして，楽しみながら取り組みましょう。

2 ①　（い）
②　（あ）
③　（う）

アドバイス 夏休みに，ごみひろいなどのボランティア活動をするなど，充実した休みを送るようにしましょう。また，楽しい思い出もたくさん作れるようにしましょう。

10 かくにんテスト②　（47ページ）

1 （い），（お），（か），（け），（さ）に○

2 ①　○
②　×
③　○
④　×
⑤　×

アドバイス ザリガニをかうことで，発見したり，観察したりしたことをふり返りましょう。

3 ㋑に○

アドバイス ㋐のサクラは春，㋒のコスモスはおもに秋に見られます。

11 うごく　おもちゃを　作《つく》ろう　（48ページ）

1 ①　おきあがりこぼし
②　パラシュート
③　ヨットカー

2 ①　㋑　②　㋓
③　㋒　④　㋐

アドバイス 身の回りにあるもので，いろいろなおもちゃを作ってみましょう。

12 秋《あき》を　見つけよう　（49ページ）

1 ①　クリ　②　カキ　③　イチョウ

アドバイス ③のイチョウの木になっているのは，ぎんなんです。

2 ②，③に○

アドバイス スズムシ，コオロギは，はねをこすり合わせて鳴きます。ほかに，クツワムシ，マツムシなども鳴きます。

3 スタート→月見→カキ→ススキ→七五三→ゴール（下の図）

13 のりものに　のって　みよう（50ページ）

1 ①　㋑，(あ)
②　㋒，(う)
③　㋐，(い)

2 お年より（または，おなかに赤ちゃんがいる人，けがをしている人なども正解です。）

3 ②，③，⑥に○

アドバイス ふだん，家の人とバスなどに乗るときと，ひとりで乗るときやお友だちと乗るときとでは，心理状態が変わります。

ひとりで乗るときやお友だちと乗るときは，どんなことに注意をしなければならないか，バスなどに乗ったときに考えてみましょう。

14 冬《ふゆ》を　見つけよう（51ページ）

1 見つけたものに○をつけましょう。

2 ㋐，㋒，㋔，㋕，㋘に○

アドバイス せん風機を冬にサーキュレーターとして使う家もあるかもしれません。その場合は，㋑を選んでも正解にしましょう。

15 こんなに　大きく　なったよ（52ページ）

1 調べた方法に○をつけましょう。

アドバイス 自分がここまで大きくなったことを，誕生までさかのぼって調べるとき，その調べ方を自分なりに工夫してみましょう。

2 できるようになったり，じょうずになったりしたことに○をつけましょう。

16 かくにんテスト③（53ページ）

1 ①　○　②　×
③　×　④　○
⑤　×　⑥　×
⑦　×　⑧　×
⑨　○

アドバイス ②のように連結部に立ったり，③，⑤，⑥のように車内でさわいだり，⑦のように窓から手を出したり，⑧のように降りる人を待たずに乗ったりするのは危険です。また，④や⑨の絵を見ながら，お年寄りに席をゆずることや，優先席や乗降時のルールについて，ほかの人と話し合ってみましょう。

2 ①に○

アドバイス ①は，スズムシです。②のセミ，③のカブトムシは夏に見られます。

3 ①　㋐
②　㋒
③　㋓
④　㋑

アドバイス タンポポは葉を地面にくっつけるように広げて（ロゼット）冬をこします。また，ダンゴムシは石の下などでじっとしています。

国語

1 ようすや 気もちを 読みとろう①（54ページ）

①三びきの　子ねずみ。（子ねずみたち）
②もも・とりに　行く
③きょうは、なんて　ついて　いるんだ。
④イ
⑤〈例〉おなかが　いっぱいに　なったら、子ねずみたちを　食べられなく　なるから。

アドバイス　②初めの、子ねずみたちのさそいの言葉に注目させます。

2 ようすや 気もちを 読みとろう②（55ページ）

①ウ　②イ
③〈例〉できるだけ　こわい　顔を　した。
④１こんにちは　２さよなら
⑤（たま）おじさん

アドバイス　①前の文から、ももを食べ終わった後の帰り道であることを、おさえさせます。②□の後に続く「止まって」から、考えさせましょう。　④子ねずみたちが言った言葉から、子ねずみたちが、二回の「にゃーご」の意味をどうとらえたかを、しっかり読み取らせましょう。

3 かん字を　書こう　読もう①（56ページ）

1 ①子　②木　③山・空気　④川・水・足
⑤先生・手
2 ①小さい　②入る　③大きい
3 ①ちち・はは　②なつ・おや　③ふゆ・ゆき
④あね・いもうと・あき
⑤はるかぜ（しゅんぷう）・くも
4 ①アあに　イきょうだい
②アは　イせいてん

アドバイス 1　同じ読み方の②「木」と③「気」は、正しく書き分けさせましょう。
3　④「姉」と「妹」は、形が似ているので注意させます。

4 かん字を　書こう　読もう②（57ページ）

1 ①晴天（青天）・雲　②風　③父・雪　④親子
⑤母
2 ①兄・姉・弟・妹　②春・夏・秋・冬
3 ①こめ・むぎ　②あたま・かお・くび
③にく・さかな　④き・はね
⑤ちゃ・け・うし・うま
4 ①アことり　イちょう　②アくろ　イこく

アドバイス 1　同じ部分をもつ①「雲」と③「雪」は、正しく書き分けさせましょう。
⑤「母」の横をつらぬく棒は、最後に書くことに注意させましょう。

5 丸（◦） 点（、） かぎ（「 」）/なかまの ことば/はんたいの いみの ことば（58ページ）

1 ①わたしは、パンダが　すきだ。
②雨が　ふって　きたので、走って　家に帰った。
③きのう、お母さんは、妹と　買いものに出かけた。
2 　まきさんが、
「あした、いっしょに
公園で　あそぼうよ。」
と　言った。
3 ぼくは　弟と、犬を　さがした。
4 ①黒・黄・茶　②雪・風・雲
③昼・夜・朝　④首・頭・顔（①～④順不同）
5 ①古い　②弱い　③細い　④売る

アドバイス 1　文の終わりには丸（◦）を、文の中の意味の切れ目には点（、）をつけることを理解させましょう。
2　かぎ（「　」）は、会話につけます。作文用紙に書くときは、下のかぎ（　」）と丸（◦）は同じます目に書かせるようにしましょう。
3　点（、）のつけ方で文の意味が変わってしまう例です。「ぼくは」の後に点（、）をつけると、「ぼく」が一人で、弟と犬を捜したという意味になります。点（、）の大切さに気づかせましょう。
4　この他に二年生で習う漢字には、家族・季節・動物・教科・方角・食べ物などを表す仲間の漢字があります。まとめて覚えさせましょう。
5　反対の意味の言葉は、組みにして覚えると効果的です。

6 かん字を　書こう　読もう③（59ページ）

1 ①首　②黄・毛糸　③頭・羽音　④顔・黒
⑤茶
2 ①牛・馬・鳥・犬　②米・麦・肉・魚
3 ①のはら・ほし　②うみ・た・ある
③いけ・はし　④たに・かわ・いわ
⑤そと・うち
4 ①アじ　イちじょう
②アまえあし　イぜんご

アドバイス 1　②「黄」の「由」の部分を「田」と書いていないか、確認させましょう。　③「頭」と④「顔」は、同じ部分をもつので、正しく書き分けさせましょう。
2　①「馬」の一画目は、縦棒です。まちがえやすいので、しっかり覚えさせましょう。
4　①ア「ぢ」と書かないように注意させましょう。

7 かん字を　書こう　読もう④ (60ページ)

1 ①野原・谷　②前・後・岩　③海・星
④外・内　⑤池・地

2 ①走る　②歩く　③食べる

3 ①ふる・かたな　②あたら・ゆみや
③てんせん・かみ　④まる・にんぎょう
⑤え・つの

4 ①アしる　イにっき
②アとお　イえんきん

アドバイス 1　②「前」と「後」、④「外」と「内」は、反対の意味をもつ漢字として組みで覚えさせましょう。
4　②イ「遠近」は、反対の意味の漢字を重ねた熟語で、「近」には「近《ちか》い」という読み方もあります。

8 かくにんテスト① (61ページ)

1 ①もも
②イ
③ももを　かかえて　歩きだした。

2 　ろう下を　そうじして　いる
と、先生に、
「きれいに　なったね。」
と　ほめられました。

3 ①母親・顔
②黄・鳥・羽

アドバイス 1　②ねこは、子ねずみたちを食べるつもりでいたのに、それを知らない子ねずみたちが、親切におみやげのももを分けてくれたので、思わずためいきが出てしまったのです。　③ねこが子ねずみたちを食べなかったことを、おさえさせましょう。

9 じゅんじょよく 読みとろう① (62ページ)

■ ①北きょく
②冬ごもり
③１・３・２・４　（右から順に）
④〈例〉冬ごもりの　間、何も　食べて　いないので。
⑤あざらし

アドバイス ■　①「四字で」という条件で答えることに注意させましょう。「とても　さむい　ところ」とは、北極の説明です。
③　三つ目の段落に冬のこと、四つ目の段落に春のことが書かれています。順を追って、ていねいに読み取らせましょう。
④　五つ目の段落の二行目の、理由を表す言葉「……ので」に注目させましょう。

10 じゅんじょよく 読みとろう② (63ページ)

■ ①おちち
②秋の　はじめ。
③ウ
④１すの　中　２冬ごもりを　して
⑤あざらし

アドバイス ■　①「その　おちち」とは、おかあさん白くまの出したお乳のことです。
②　秋の初めのことが書かれた二つ目の段落に、「おかあさんから　分けて　もらって、肉を　食べる」とありますが、おかあさんの食べるあざらしの肉を分けてもらって食べるのです。
④　冬に備えて太ったおかあさんと子ぐまたちは、春まで、巣の中で冬ごもりをして過ごします。

11 かん字を　書こう　読もう⑤ (64ページ)

1 ①弓矢・刀　②絵日記　③三角形　④百点
⑤丸　⑥紙・線

2 ①ア遠い　イ近い
②ア新しい　イ古い

3 ①たい・きいろ　②あ　③こま・たか
④こうちょう・かいとう　⑤ひろ・い・き

4 ①アすこ　イたしょう
②アよわ　イきょうじゃく

アドバイス 3　③「細」には、「細《ほそ》い」という読み方もあるので、送りがなに注意させましょう。
4　②イ「強弱」は、反対の意味の漢字を重ねた熟語で、「強」には「強《つよ》い」という読み方もあります。

12 かん字を　書こう　読もう⑥ (65ページ)

1 ①高校・行　②長・来　③答　④広・回
⑤明・色

2 ①ア強い　イ弱い
②ア多い　イ少ない
③ア太い　イ細い

3 ①ちょうしょく・じかん　②ごご・かえ
③ひる・はんぶん　④いま・よる
⑤まいしゅう・ようび

4 ①アおし　イきょう
②アとお　イつうこう

アドバイス 3　④「夜」を「よ」と読みまちがえないようにさせましょう。
4　②ア「通る」は、「とう（る）」と、かなづかいをまちがえやすいので、注意させましょう。

13 かたかなの ことば／ようすを あらわす ことば（66ページ）

1 メロン・ランドセル・コアラ　（順不同）
2 ①ア・ク　②カ・キ　③ウ・オ　④イ・エ
3 ①ゴロゴロ　②ドーン　③すいすい
④ふわふわ
4 ①ガチャン　②すやすや　③ぶるぶる

アドバイス **1**　三つとも外来語（外国から来た言葉）です。
2　かたかなで書く四つの種類の言葉です。作文などで正しく使えるようにさせましょう。
3　①・②はものの音で、**2**の②に当たる言葉です。　②かたかなののばす音は、「ー」で表すことを覚えさせましょう。　③・④のように、様子を表す言葉は一般的にひらがなで書きます。
4　②「すやすや」は安らかに寝入っている様子を、　③「ぶるぶる」は体が連続して、小刻みに震える様子を表す言葉です。

14 かん字を　書こう　読もう⑦（67ページ）

1 ①土曜・午後　②毎朝　③今週　④昼・夜
⑤時間半
2 ①分ける　②帰る　③教わる　④通う
3 ①こうえん・だい　②てら・もん
③みせ・と　④ひがし・にし・みち
⑤きた・みなみ・ばん
4 ①アま　イこう　②アいえ　イか

アドバイス **1**　①「午」は形の似ている「牛」に、⑤「間」は同じ部分をもつ「門」「聞」に注意させましょう。
2　③「教《おそ》わる」と「教《おし》える」、④「通《かよ》う」と「通《とお》る」の読み方と送りがなのちがいにも注意させましょう。

15 かん字を　書こう　読もう⑧（68ページ）

1 ①店　②家・門　③台・戸　④寺・公園
⑤交番・道
2 ①東　②北　③南　④西
3 ①おも・い　②し・ば　③かんが・あ
④な・と　⑤とうじつ・く　⑥ひ・き
⑦かしゅ・なお　⑧じかん・はか

アドバイス **2**　「方角」の仲間の漢字は、この問題のように、表す方角といっしょに覚えさせるとよいでしょう。
3　⑦「歌手」は、「歌《うた》い手《て》」という、訓読みの言葉も教えましょう。

16 かくにんテスト②（69ページ）

1 ①**1**にゅうし　**2**二十本
②えいきゅうし
③あご・大きく
2 ①シャツ
②バナナ
3 ①新・人形　②多・絵　③遠・行

アドバイス **1**　①**1**は一つ目の段落から、**2**は二つ目の段落から答えさせます。　②「大人のは」と答えていたら、「大人の歯のことを何というの」と聞き、「えいきゅうし」に導いてあげましょう。　③成長とともに体やあごも大きくなります。それに合わせて乳歯から永久歯に生え変わることを読み取らせましょう。
2　外国から来た言葉を探させましょう。
3　③「遠」の「⻌」（しんにょう・しんにゅう）は三画で、最後に書きます。

17 場めんの ようすを 読みとろう①（70ページ）

■ ①〈例〉とても　まずしかったから。
②〈例〉（じいさまと ばあさまは、）年とって
しまったので、子どもが　できないから。
③きのこ・ぼろん　ぼろん　④イ　⑤ウ

アドバイス ■　①文章の流れから読み取らせます。理由を問われているので、文末に「から」や「ので」をつけさせます。　②じいさまの言葉から理由を探させます。「子ども」を「わらし」などとしていても正解です。　③「〜みたいに」というたとえの言い方に注目させましょう。　④「目を細める」は、慣用句（二つ以上の単語が決まった形で使われて、特別の意味を表すもの）です。決まった意味として覚えさせましょう。　⑤二人が、自分たちのあかで人形を作ったことをおさえさせましょう。

18 場めんの ようすを 読みとろう②（71ページ）

■ ①みどうっこたろう
②ア　③イ
④（みどうっこたろうが）空高く　はねとば
されて　いった　まま。
⑤いちばん　高い　まつの　木の、てっぺん・
引っかかって いた　〔引っかかって おった〕

アドバイス ■　①男自身が名乗ったところに注目させましょう。　②「これじゃ 通れん」とあります。　③「まっかになる」は、おこったときや、はずかしがったときの様子を表します。文脈から、適切なものを選ばせます。　④「その」は、直前を指しています。「どんな　まま」と問われているので、「〜まま。」の形で答えるようにさせましょう。
⑤最後の文に、事のてん末が書かれています。

19 かん字を　書こう　読もう⑨ (72ページ)

1 ①鳴・場　②赤組・引　③知・歌
④合計・言　⑤直線・切

2 ①考える　②当たる　③止める　④思う

3 ①げんき・こえ・き
②とうきょう・さとがえ
③きょうしつ・ひかり
④しない・てんさい
⑤こころ・はな

4 ①アよ　イどくしょ
②アう　イばいばい

アドバイス 2　①「考がえる」、②「当る」という送りがなのつけまちがいに注意させましょう。
4　②イ「売買」は、反対の意味の漢字を重ねた熟語です。「買売」と逆に覚えないように注意させましょう。

20 かん字を　書こう　読もう⑩ (73ページ)

1 ①心・元気　②室内・読書　③市場・売
④山里・買　⑤声・聞　⑥東京・才

2 ①光る　②話す

3 ①たい　②さんすう　③ずがこうさく
④りか・しゃかい　⑤せいかつ

4 ①アたの　イおんがく
②アかた　イこくご

アドバイス 1　⑤「声」の「士」の部分を「土」と、「聞」の「耳」の部分を、「耳」と書いていないか確認してください。
2　①「光《ひかり》」、②「話《はなし》」という送りがなのつかない読み方と区別して覚えさせましょう。

21 主語と 述語／たとえ／にた いみの ことば (74ページ)

1 ①ウ　②ア　③イ

2 ①風が、　ビュービュー　ふく。
②妹は　五さいだ。
③わたしが、　ピアノを　ひく。
④先生は、　とても　やさしい。

3 ①かば　②こおり　③石

4 ①エ　②イ　③ア

アドバイス 1　「どう する」は主語の動作、「どんなだ」は主語の様子や状態、「なんだ」は主語の性別・職業・身分などに当たる言葉だということを確認してください。
4　①「おいしい」は「味がよい」という意味で、エ「うまい」が当てはまりますが、「うまい」には「上手だ」という意味もあることを教えましょう。

22 かん字を　書こう　読もう⑪ (75ページ)

1 ①国・画家　②大工・体　③理科
④算数・生活　⑤会社・地図

2 ①作る　②語る　③楽しい

3 ①きしゃ　②なんじ　③とも・でんわ
④いちまん・じ　⑤どうじ・よう

4 ①アかた　イほうがく
②アふな　イふうせん

アドバイス 1　②「体」は「休」、③「理」は「里」、⑤「地」は「池」という、同じ部分をもつ漢字とのちがいに注意させましょう。
3　②「なにじ」と読まないように注意させましょう。
4　②ア「ふね」と読まないように注意させます。「船出」「船酔い」などのように、「船」の後に言葉がつく場合は、「ふな」と読みます。

23 かん字を　書こう　読もう⑫ (76ページ)

1 ①親友　②電池　③万・船　④汽車
⑤何・用　⑥地方

2 ①同じ　②自ら

3 ①まいしゅう・曜・父　②公園・こうばん
③し・合・会　④のはら・馬・牛・ある・回
⑤紙・てんせん・引
⑥ほそなが・強・風・あめ

アドバイス 1　形の似た③「万」と⑥「方」に注意させます。　④「汽」は、右側を「気」と書いていないか、確認してください。
2　②「自ら」は「自分から」という意味です。送りがなを「自から」とするまちがいに注意させましょう。
3　これまで学習した漢字全体からの出題です。まちがえたところは、もう一度復習させましょう。

24 かくにんテスト③ (77ページ)

1 ①あめみたいに
②大入道(あい手)・〈例〉まけて
③〈例〉(いきなり)　下から　あい手を　ぐわんと　けり上げた。

2 ①雪　②グローブ　③りんご

3 ①里・買・理　②電車・汽船

アドバイス 1　①「あめみたいに」は硬い金棒を簡単に曲げる様子をたとえた表現です。　②「かちまけが　つかない。……ちからたろうの　ほうがあぶない。」の部分から考えさせます。　③「あい手」は、「大入道」でも正解です。
2　「～のように」は、たとえられるものの様子や印象を強めるために用いられます。①「白い」、②「大きな」、③「赤い」に注目して、たとえているものを選ばせましょう。